한글 묘법연화경 사경 ❶
목 차

第1卷　송경의식 ——————— 5
　　　　서품 제1 ——————— 6
　　　　방편품 제2 —————— 55
　　　　비유품 제3 —————— 116

第2卷　신해품 제4
　　　　약초유품 제5
　　　　수기품 제6
　　　　화성유품 제7

第3卷　오백제자수기품 제8
　　　　수학무학인기품 제9
　　　　법사품 제10
　　　　견보탑품 제11
　　　　제바달다품 제12
　　　　권지품 제13
　　　　안락행품 제14

第4卷   종지용출품 제15
　　　　여래수량품 제16
　　　　분별공덕품 제17
　　　　수희공덕품 제18
　　　　법사공덕품 제19
　　　　상불경보살품 제20
　　　　여래신력품 제21

第5卷   약왕보살본사품 제22
　　　　묘음보살품 제23
　　　　관세음보살보문품 제24
　　　　다라니품 제25
　　　　묘장엄왕본사품 제26
　　　　보현보살권발품 제27
　　　　촉루품 제28

【 사경발원문 】

묘법연화경 사경

　　　　　　　　　　　　년　　　월　　　일

　　　사경인 :

송경의식 誦經儀式

개경게(開經偈: 경전을 펼치는 게송)
위없이도 깊고 깊은 미묘한 법
백천만겁 만나 뵙기 어렵거늘
제가 이제 보고 들어 지니오니
부처님의 진실한 뜻 알아지이다.

개법장진언(開法藏眞言: 진리의 창고를 여는 진언)
옴 아라남 아라다 (3번)

묘법연화경(妙法蓮華經)

조계후학 각운 석봉곡 한글번역

서품(序品) 제1

1.
이와 같이 나는 들었다.

한때에 부처님께서 왕사성(王舍城)의 기사굴산에 머무시며 1만 2천 명의 훌륭한 비구들과 함께 하셨나니, 이들은 전부가 아라한들로 모든 치달음(漏)이 이미 다하여, 다시는 번뇌가 없고 자신의 이로움을 얻었으며, 모든 존재(有)의 결박을 풀고 마음이 자재를 얻었거늘.

그들의 이름은 아야교진여·마하가섭·우루빈나가섭·가야가섭·나제가섭·사리불·대목건련·마하가전연·아누루타·겁빈나·

교범바제 · 리바다 · 필릉가바차 · 박구라 · 마하구치라 · 난타 · 손타라난타 · 부루나미다라니자 · 수보리 · 아난 · 라후라 등으로 이러히 대중에게 잘 알려진 훌륭한 아라한들이었다.

또한 배우는 자(學)와 배울 게 없는 자(無學) 2천 명이 있었으며, 마하파사파제 비구니도 권속 6천 명과 함께 하였으며, 라후라의 모친 야수다라 비구니도 역시나 권속과 함께 하였으며,

그리고 위대한 보살(摩訶薩) 8만 명은 모두가 '최상의 완전한 깨달음(阿耨多羅三藐三菩提)'에서 물러나지 않고, 전부가 다라니와 말 잘하는 변재(樂說辯才)를 얻어서 불퇴전의 법륜(不退轉法輪)을 굴렸으며,

서품 제1

한량없는 백천의 모든 부처님들(諸佛)께 공양하고 그분들의 처소에서 온갖 덕의 씨앗(德本)을 심었기에, 항상 제불(諸佛)께서 칭찬하셨으며.

　자비로써 자신을 수행하여 부처님의 지혜에 잘 들어갔고, 크나큰 지혜를 통달해서 저 언덕(彼岸)에 이르러 명성이 한량없는 세계에 널리 퍼졌으며, 많고 많은 백천의 중생들을 능히 제도하였나니.

　그들의 이름은 문수사리보살·관세음보살·득대세보살·상정진보살·불휴식보살·보장보살·약왕보살·용시보살·보월보살·월광보살·만월보살·대력보살·무량력보살·월삼계보살·발타바라보살·미륵보살·보적보살·도사보살 등으로 이와 같은 보살마하살(菩薩摩訶薩) 8만 명과 함께 하였으며.

3.

　즈음하여 석제환인(釋提桓因)이 권속 2만 천자(天子)와 함께 하였으며, 그리고 명월(明月)천자·보향(普香)천자·보광(寶光)천자·사대천왕(四大天王) 등이 권속 1만 천자와 함께 하였으며,

　자재(自在)천자와 대자재(大自在)천자도 권속 3만 천자와 함께 하였으며, 사바세계의 주인인 범천왕(梵天王)으로 시기대범(尸棄大梵)·광명대범(光明大梵) 등이 권속 1만2천 명의 천자와 함께 하였으며,

　여덟 용왕(龍王)이 있었으니 난타용왕·발난타용왕·사가라용왕·화수길용왕·덕차가용왕·아나바달다용왕·마나사용왕·우발라용왕 등이 각각 수백 권의 권속과 함께 하였으며,

　네 긴나라왕(緊那羅王)이 있었으니 법(法)긴나

서품 제1

라왕·묘법(妙法)긴나라왕·대법(大法)긴나라왕·지법(持法)긴나라왕이 각각 수백천의 권속과 함께 하였으며,

네 건달바왕(乾闥婆王)이 있었으니 악(樂)건달바왕·악음(樂音)건달바왕·미(美)건달바왕·미음(美音)건달바왕이 각각 수백천의 권속과 함께 하였으며,

네 아수라왕(阿修羅王)이 있었으니 바치아수라왕·거라건타아수라왕·비마질다라아수라왕·라후아수라왕이 각각 수백천의 권속과 함께 하였으며,

네 가루라왕(迦樓羅王)이 있었으니 대위덕(大威德)가루라왕·대신(大身)가루라왕·대만(大滿)가루라왕·여의(如意)가루라왕이 각각 수백천의 권속과 함께 하였으며,

위제희(韋提希)의 아들 아사세왕(阿闍世王)도

수백천의 권속과 함께 하였으니, 이들 모두가 부처님의 발에 예경(禮敬)드리고 한쪽으로 물러나 앉았나이다.

4.

그때에 세존께서 네 부류의 대중(四衆)에게 에워싸여 공양·공경과 존중·찬탄을 받자옵고, 모든 보살들을 위하사 '무량의경(無量義經)'이라는 대승경을 설하시니, 보살을 가르치는 법(菩薩法)이며 부처님께서 보살피 두호(護念)하시는(所) 경이니라.

부처님께서 이 경을 설하여 마치시고 결가부좌(結跏趺坐)하사 '무량의처 삼매(無量義處三昧)'에 드시니, 몸도 마음도 움직이지 않으셨나이다.

바로 그때 하늘에선 만다라꽃·마하만다

서품 제1

11

라꽃·만수사꽃·마하만수사꽃이 부처님의 위와 모든 대중에게 비 오듯이 흩뿌렸으며, 널리 부처님의 세계가 여섯 가지로 진동하였으니,

그때 모였던 비구·비구니·우바새·우바이와 천·룡·야차와 건달바·아수라·가루라·긴나라·마후라가 등 사람인 듯 아닌 듯한 존재와 여러 작은 나라의 왕과 전륜성왕(轉輪聖王) 등의 이러한 모든 대중들이 일찍이 없던 바(未曾有)를 얻고서는, 기뻐하며 합장하고 일심으로 부처님을 우러러보았나이다.

5.

즈음하여 부처님께서 미간(眉間)의 백호상(白毫相)으로 광명을 놓으사 동쪽으로 1만8천의 세계를 비추시어, 아래로는 아비지옥(阿鼻地

獄)에서 위로는 아가니타천(阿迦尼吒天)까지 이르러, 두루 미치지 않는 곳이 없게 하셨나니.

이 세계에서 저 국토의 여섯 갈래 중생(六趣衆生)들이 모두 보였으며,

또한 저 국토에 현재 계신 제불(諸佛)도 보였으며, 제불께서 설하시는 경(經)의 가르침도 들을 수 있었으며,

아울러 저 모든 비구·비구니·우바새·우바이가 온갖 수행으로 도(道)를 얻는 것도 보였으며,

다시 여러 보살마하살이 가지가지 인연과 가지가지 믿고 이해함(信解)과 가지가지 모습으로 보살도(菩薩道)를 행하는 것도 보였으며,

또다시 제불께서 완전한 열반(般涅槃)에 드시는 것도 보였으며,

다시 제불께서 완전한 열반에 드신 뒤에 부

서품 제1

처님의 사리로 칠보탑(七寶塔)을 세우는 것도 보였나이다.

6.

그때에 미륵보살이 생각하기를 '지금 세존께서 신통 변화의 모습을 나타내시니, 어떠한 인연으로 이런 상서로움이 있는 것일까? 이는 불가사의(不可思議)하고도 희유(希有)한 일이거늘, 지금은 불세존(佛世尊)께서 삼매에 드셨으니 마땅히 누구에게 물어야 하며, 누가 능히 대답할 수 있을꼬?'

또다시 생각하기를 '저 문수사리 진리의 왕자(法王子)께서는 이미 일찍부터 과거의 한량없는 모든 부처님을 친근·공양하였으니, 반드시 이와 같은 희유한 모습을 보았을 터, 내 이제 마땅히 물어보리라.'

즈음하여 비구·비구니·우바새·우바이 그리고 모든 천상의 신들과 용왕·귀신들도 다 함께 생각하기를 '이러한 부처님의 광명과 신통한 모습을 이제 마땅히 누구에게 물어야 할까?' 하였나니.

그리하여 미륵보살이 자신의 의심을 풀고자 함은 물론, 네 부류의 대중인 비구·비구니·우바새·우바이와 모든 천상의 신들과 용왕·귀신들의 마음을 살펴보고 문수사리에게 여쭙기를,

"어떠한 인연으로 이토록 상서롭고 신통한 모습이 있는 것이며, 그 나쁜 광명을 놓으시어 동쪽으로 1만8천의 국토를 비추시어 저 불국토(佛國土)의 장엄을 모두가 보게 하나이까?"

서품 제1

8.
이어서 미륵보살이 거듭하여 이 뜻을 펴고자 게송으로 물어 사뢰기를:

頌1

"문수사리 법왕자여!
도사께서 어인 일로
눈썹 사이 백호광명
큰 빛 두루 비추시며

만다라꽃·만수사꽃
비 오듯이 흩뿌리고
전단향(栴檀香)의 맑은 바람
대중 마음 즐겁도록 하나이까?

이와 같은 인연으로
모든 땅이 엄숙하고
깨끗하여 온 누리는
6종으로 진동하니

즈음하여 사부대중
그 모두가 기뻐하고
몸과 마음 상쾌하여
미증유를 얻었도다.

눈썹 사이 백호광명
동쪽으로 일만 팔천
국토 비춰 모든 곳이
금빛처럼 찬란하고
아래로는 아비지옥
맨 위로는 유정천에
이르도록 모든 세계
여섯 갈래 중생들의
나고 죽어 가는 곳과
선악 지은 업연으로
곱게 밉게 받는 과보

여기에서 빠짐없이 보나이다.

頌 3

또한 다시 보옵건대
성인 중의 성인이신
사자 같은 부처님들(도사師子)
연설하신 그 경전이
미묘하기 으뜸이라
그 음성이 맑고 맑아
부드러운 소리 내어
많고 많은 억만 명의
모든 보살(보살菩薩) 가르치며
맑은 소리 그윽하고 오묘하사
사람마다 즐겨 듣게 하오시며
각기 다른 세상에서
바른 법을 설하시되
가지가지 인연들과

한량없는 비유로써 부처님 법(佛法)
환히 밝혀 중생들을 열어젖혀
깨치도록 하시나니
늙어 있어서 괴롬 만나
생로병사 싫어하면
모든 괴롬 다하도록
열반의 길 설하시고
늙어 있어서 복이 많아 일찍이도
부처님께 공양하고
수승한 법 구할진대
연각의 길 설하시며
혹은 어떤 불자 있어
가지가지 만행 닦아
무상지혜 구할진대
청정한 길 설하시네.

문수사리 법왕자여!
제가 여기 머물면서
보고 들음 이렇거늘
천억 가지 많은 일들
이제 대강 설하리다.

게5

보옵건대 저 국토의
갠지스강 모래수의 보살들이
가지가지 인연으로
불도만을 구하나니
혹은 보시 실천하되
금과 은과 산호·진주
여의주(摩尼)와
자거(車磲)·마노(馬腦)
금강석과 온갖 보배
남녀 노비·손수레와

보배들로 꾸민 가마
기꺼이도 보시하여
불도 위해 회향하고
부처님들 삼계에서
으뜸이라 찬탄하신
일불승을 원하더라.
혹은 어떤 보살 있어
네 필 말의 보배 수레(駟馬寶車)
가로세로 난간들과 꽃 덮개를
곱게 꾸며 보시하며
어떤 보살 보옵건대
손과 발과 육신까지
아낌없이 보시하여
무상도를 구하옵고
어떤 보살 보옵건대
눈과 머리·온몸까지

흔쾌히도 보시하여
부처 지혜 구하도다.

문수사리 법왕자여!
제가 다시 보옵건대
여러 왕이 부처님을 찾아뵙고
무상도(無上道)를 묻고서는
좋은 땅과 궁전·신첩(臣妾)
미련 없이 버린 뒤에
머리·수염 모두 깎고
출가 승복 입더이다.

어떤 보살 보옵건대 비구되어
홀로 앉아 한가롭고
고요하게 지내면서
경전 즐겨 독송하며

어떤 보살 보옵건대
깊은 산에 들어가서
용맹스레 정진하며
불도만을 사유하고
또한 다시 보옵건대
애욕 떠나 한적한 곳 거처하며
깊은 선정(禪定) 항상 닦아
다섯 가지 신통(五神通) 얻고
어떤 보살 보옵건대 편히 앉아
좌선하며 합장한 채
천만 가지 게송으로
모든 법왕 찬탄하며
어떤 보살 보옵건대
지혜 깊고 뜻도 굳세
부처님께 물자옵고
들은 대로 전부 받아 지니오며

어떤 불자 보옵건대
선정·지혜 구족하여
한량없는 비유로써
대중위해 법 설하되
흔연스레 설법하여
모든 보살 교화하며
마군들을 쳐부수고
진리의 북 치더이다.

어떤 보살 보옵건대
고요하게 편히 앉아
천·룡들이 공경해도
기뻐하지 아니하며
어떤 보살 보옵건대
숲속에서 빛을 놓아
지옥 고통 구제하여

불도 안에 들게 하며
어떤 불자 보옵건대
잠도 자지 아니하고
숲속에서 거닐면서(經行)
힘써 불도 구하옵고
또한 다시 보옵건대
흠결 없이 맑고 맑은
보옥 같은 계행 갖춰
불도만을 구하옵고
어떤 불자 보옵건대
욕됨 참는 그 힘으로 안주하여
증상만이 욕질하고 매질해도
능히 참아 불도만을 구하옵고
어떤 보살(菩薩) 보옵건대
온갖 희롱·우스개와 어리석은
권속들을 멀리하고

지혜론 자 친근하며
⑦ 일심으로 산란 없애
억천만 년 산중에서
모든 망념 다스리며
불도만을 구하옵고

⑧ 어떤 보살 보옵건대
아주 좋은 음식들과
가지가지 탕약으로
부처님과 스님들께 보시하며
천 냥 만 냥 값나가는
최상품의 옷이거나
값도 모를 의복으로
부처님과 스님들께 보시하며
⑨ 천만 억(千萬億)의 가지가지
전단나무·보배들로

꾸민 절과 여러 가지 묘한 침구
부처님과 스님들께 보시하며
맑고 맑은 숲과 동산
흐드러진 꽃과 과일
흐르는 샘·씻을 연못
부처님과 스님들께 보시하며
가지가지 미묘한 걸
이와 같이 보시하되
기쁨 넘쳐 싫음 없이
무상도를 구하도다.

혹은 어떤 보살 있어
열반의 법 설하여서
많고 많은 중생들을
갖가지로 교화하며
어떤 보살 보옵건대

모든 법의 성품(法性) 보길
그 모습이 둘이 없어
허공 같다 관찰하며
어떤 불자 보옵건대
집착하는 마음 없이
이런 묘한 지혜로써
무상도를 구하도다.

문수사리 법왕자여!
혹은 어떤 보살 있어
멸도하신 부처님의
사리탑에 공양하며
어떤 불자 보옵건대
갠지스강 모래수의
무수한 탑 조성하여
국토마다 엄정하게 꾸미거늘

⑧ 보배탑이 미묘하고
　그 높이는 5천 유순
　가로세로 똑같아서
　2천 유순(二千由旬)!
　하나하나 탑들마다
　일천 개의 깃대·깃발
　휘날리고 구슬로 짠 휘장에선
　보배 방울 조화롭게 울리나니
　천상의 신·용과 귀신·사람인 듯
　아닌 듯한 모든 이들
　향과 꽃과 풍악으로
　항상 공양 하나이다.
　문수사리 법왕자여!
　모든 불자(佛子)
　사리탑에 공양코자
　보배탑을 엄장하게 꾸미나니

⑦ 국토마다 자연스레 빼어나서
　　아름답고 묘한 것이
　　도리천의 수왕화가
　　활짝 핀 듯 하더이다.

　　　　頌12

⑧ 한 줄기의 부처 광명 놓으시니
　　저 국토의 가지가지
　　빼어나고 미묘함을
　　저와 대중 모두 보고
⑨ 부처님들 신통·지혜
　　드물고도 경이로워
　　한 줄기의 맑은 광명 놓으셔서
　　무량 국토 비추시니
⑩ 저희들은 이를 보고
　　미증유를 얻었거늘
　　불자이신 문수시여!

대중들의 의심 풀어 주옵소서!
사부대중(四部大衆) 흔연스레
인자와 저 우러르니
세존께선 어인 일로
이런 광명 놓으신지?
불자시여! 지금 바로 답하시사
의심 풀어 기쁘도록 하옵소서!
무슨 이익(利益) 주시려고
이런 광명(光明) 놓으신지?
여래께서 보리도량 앉으셔서
얻으신 바 묘한 법을
설하고자 함이니까?
기별 주려 함이니까?
이런 모든 불국토에
온갖 보배 엄정하고
부처님들 보이신 건

서품 제1

보통 인연 아니리니
　⑧ 사부 대중·용과 귀신
　　　어지신 분 우러르며 쳐다봄을
　　　문수께선 분명하게 아시고서
　　　무엇이든 설하소서!"

9.

　그때에 문수사리가 미륵보살마하살과 또 다른 보살들에게 이르기를:
"모든 선남자여! 내가 헤아려 생각건대 지금 불세존(佛世尊)께서는 위대한 진리(大法)를 설하시고자,
　위대한 진리의 비(大法雨)를 내리시며
　위대한 진리의 소라(大法螺)를 부시고
　위대한 진리의 북(大法鼓)을 두드려서
　위대한 진리의 뜻을 펴시려는 것이옵니다.

모든 선남자여! 내가 과거 제불(諸佛)들의 처소에서 일찍이 이러한 상서(祥瑞)를 보았는데, 이런 광명을 놓으시고 곧바로 위대한 진리를 설하시더이다.

이러한 까닭에 분명히 알지어다. 지금 부처님께서 광명을 나타내심도 또한 다시 이와 같아, 중생들이 세상에서 믿기 어려운 진리를 모두가 듣고서 알게 하시고자, 이러한 상서를 드러내는 것이옵니다.

모든 선남자여! 과거 한량없고 끝이 없는 불가사의 아승지겁 전에 부처님이 계셨으니, 명호가 일월등명(日月燈明) 여래(如來)·응공(應供)·정변지(正遍知)·명행족(明行足)·선서(善逝)·세간해(世間解)·무상사(無上士)·조어

장부(調御丈夫)·천인사(天人師)·불세존(佛世尊)이시라.

그분께서 올바른 법(正法)을 연설하시니 처음도 좋고 중간도 좋고 마지막까지 좋았으며, 그 뜻이 심원(深遠)하고 그 말씀은 절묘하여 티 없이 순수하고 잡스럽지 않았으며, 맑고도 깨끗하면서 고요한 모습(淸白梵行)을 빠짐없이 갖추셨나이다.

성문(聲聞) 구하는 자를 위해서는 마땅히 고집멸도(苦集滅道)의 네 가지 성스러운 진리(사성제)를 설하여, 생·노·병·사에서 벗어나 마침내 열반을 얻게 하셨으며,

벽지불(辟支佛) 구하는 자를 위해서는 마땅히 12인연법(十二因緣法)을 설해 주셨으며,

모든 보살(菩薩)들을 위해서는 응당히 육바라밀(六波羅蜜)을 설하시어 '최상의 완전한 깨달

음'을 얻도록 하사, 모든 걸 꿰뚫어 아는 부처님의 지혜(一切種智)를 성취토록 하셨사옵니다.

또다시 부처님이 계셨으니 그분 역시 명호가 일월등명이시며, 또다시 부처님이 계셨으니 그분 역시 명호가 일월등명이시라.

이와 같이 2만 분의 부처님께서 동일하게 일월등명이라는 명호를 지녔으며, 성씨 또한 동일하게 '파라타(頗羅墮)'였나이다.

미륵이여! 분명히 알지어다. 처음 부처님과 마지막 부처님께서 명호가 동일하게 일월등명이시며, 열 가지 호칭(十號)도 구족하시고 설하신 법문도 처음과 중간, 그리고 마지막까지 훌륭하셨나니.

2. 마지막 부처님께서 아직 출가하시기 전에

여덟 왕자가 있었으니, 첫째 이름은 유의(有意)며 둘째는 선의(善意)요 셋째는 무량의(無量意)며 넷째는 보의(寶意)요 다섯째는 증의(增意)며 여섯째는 제의의(除疑意)요 일곱째는 향의(嚮意)며 여덟째는 법의(法意)였나이다.

이 여덟 왕자가 위엄과 덕망(威德)이 자재하여 각기 사천하(四天下)를 다스렸거늘, 부왕(父王)께서 출가하셔 '아뇩다라삼먁삼보리(阿耨多羅三藐三菩提)'를 얻으셨다는 소식을 듣고서는, 모두가 왕위(王位)를 버리고 역시나 따라서 출가하여 대승(大乘)에 뜻을 일으켰나니,

항상 청정범행을 닦아 모두 법사(法師)가 되었으며, 이미 천만의 부처님 처소에서 온갖 착한 씨앗을 심었더이다.

이때에 일월등명불께서 '무량의경(無量義經)'이라는 대승경을 설하시니, 보살을 가르치는 법이며 부처님께서 보살피 두호하시는 경이더라.

 이 경을 설하여 마치시고 곧바로 대중(大衆) 가운데서 결가부좌하사 '무량의처삼매'에 드시니, 몸도 마음도 움직이지 않으셨나이다.

 바로 그때 하늘에선 만다라꽃·마하만다라꽃·만수사꽃·마하만수사꽃이 부처님의 위와 모든 대중에게 비 오듯이 흩뿌렸으며, 널리 부처님의 세계가 여섯 가지로 진동하였으니,

 그때 모였던 비구·비구니·우바새·우바이와 천·룡·야차와 건달바·아수라·가루라·긴나라·마후라가 등 사람인 듯 아닌 듯한 존재와 여러 작은 나라의 왕과 전륜성왕 등의 이러한 모든 대중들이 일찍이 없던 바를

얻고서는, 기뻐하며 합장하고 일심으로 부처님을 우러러 보았나이다.

13.
　즈음하여 여래(如來)께서 미간의 백호상으로 광명을 놓으사, 동쪽으로 1만8천의 불국토를 비추시어 두루 미치지 않는 곳이 없게 하시니, 마치 지금의 이 모든 불국토를 보는 것과 같았거늘.
　미륵이여! 분명히 알지어다. 그때 모였던 20억의 보살들이 법문 듣기를 좋아했거니와, 모든 보살들이 이러한 광명이 불국토에 널리 비추는 걸 보고, 일찍이 없던 바를 얻고서는 이 광명의 인연을 알고자 하더이다.

14.

그때에 한 보살이 있었으니 이름은 묘광(妙光)이며 8백 제자를 두었는데, 이때 일월등명불께서 삼매로부터 일어나 묘광보살을 인연하여 대승경을 설하시니 이름이 '묘법연화경(妙法蓮華經)'이라. 보살을 가르치는 법이며 부처님께서 보살펴 두호하시는 경이더라.

60소겁(小劫) 동안 자리에서 일어나지 않으셨으며, 그 모임에서 듣던 자들도 역시 그곳에서 60소겁 동안 앉아서 몸도 마음도 움직이지 않고,

부처님의 설법을 듣되 밥 한 끼 먹는 것처럼 여겨, 그 어떤 대중도 혹은 몸과 혹은 마음에 게으름이나 피곤한 기색이 없었나이다.

일월등명불께서 60소겁 동안 이 경을 설하여 마치시고, 곧바로 범천·마왕과 사문(沙門)·바라문과 하늘과 인간 그리고 아수라 등의 무리

서품 제1

들에게 선언하시길,

'여래(如來)는 오늘 한밤중에 마땅히 완전한 열반에(無餘涅槃) 들겠노라.'

그때에 이름이 덕장(德藏)이라는 한 보살이 있었으니, 일월등명불께서 곧바로 기별을 주시면서(授記) 모든 비구에게 고하시길,

'이 덕장보살이 다음에 틀림없이 성불하리니, 명호가 정신(淨身) 다타아가도(多陀阿伽度)·아라하(阿羅訶)·삼먁삼불타(三藐三佛陀)라 하리라.'

부처님께서 수기(授記)를 마치시고 곧바로 한밤중에 완전한 열반에 드셨나이다.

15.

부처님께서 멸도(滅度)하신 뒤에 묘광보살이 '묘법연화경'을 지니고서 80소겁이 다 차도

록 사람들을 위하여 연설하였으니, 일월등명불의 여덟 왕자 모두가 묘광을 스승으로 섬겼으며, 묘광이 그들을 교화시켜 '최상의 완전한 깨달음'을 굳건히 하였나니.

이 여덟 왕자가 한량없는 백천만억의 부처님께 공양하고 모두가 불도를 이뤘거늘, 마지막으로 성불한 그분의 명호는 연등(然燈)이셨나이다.

또한 8백의 제자 가운데 한 사람이 있었으니 이름이 구명(求名)이라. 명리(名利)에 탐착하여 비록 되풀이해서 여러 경전을 독송하였지만, 막혀서 통하지 못하고 잊어버리는 것이 많았기 때문에 구명(求名)이라 불렀나이다.

이 사람이 그럼에도 여러 가지 선근(善根)을 심은 인연으로 한량없는 백천만억의 부처님을 만나 뵙고 공양·공경하고 존중·찬탄하

였으니,

 미륵이여! 분명히 알지어다. 그때의 묘광보살이 어찌 다른 사람이랴? 이 몸이 바로 그이며, 구명보살은 바로 그대 몸이라오.

 이제 이러한 상서(祥瑞)를 보니 그때와 조금도 다르지 않거니와, 헤아리건대 오늘 여래께서 틀림없이 대승경을 설하시리니, 이름은 묘법연화경(妙法蓮華經)으로 보살을 가르치는 법이며 부처님께서 보살펴 두호하시는 경(經)이라오."

15.

 이어서 문수사리가 대중 가운데 거듭하여 이 뜻을 펴고자 게송으로 이르기를:

  頌1

  "내가 지금 생각건대

한량없는 무수겁 전
존귀하신 부처님이 계셨으니
그 명호가 일월등명(日月燈明)!
세존께서 설법(說法)하사
한량없는 중생(衆生)들과
무수억의 보살들을 제도하여
불지혜에 들어가게 하셨거늘
그 부처님 출가(出家) 전에
여덟 왕자(八王子) 있었으니
대성인(大聖人)의 출가 보고
그를 따라 청정법행 닦더이다.

조음하여 여래(如來)께서
모든 대중(大衆) 위하시사
'무량의'란 대승경을 설하시어
널리 분별(分別) 하시더니

② 이 경 설해 마치시고
　설법하신 자리에서
　가부좌를 맺으시고
　무량의처 삼매 들자
③ 하늘에선 만다라꽃 비 내리고
　하늘 북도 스스로가 울리더니
　천·룡(天龍)들과 귀신들이
　존귀하신 부처님께 공양하고
④ 일체 모든 불국토(佛國土)가
　즉시 크게 진동(震動)하며
　부처님의 미간으로 놓은 광명
　희유(希有)한 일 드러내니

⑤ 이 빛줄기 동쪽으로 일만 팔천
　불국토(佛國土)를 비추어서
　일체중생(一切衆生) 나고 죽는

업보장소 보였으며
② 불국토들 보옵건대
　　보배들로 장엄할새
　　유리·수정 빛나거늘
　　부처님의 광명 비춘 덕분이라
③ 또한 다시 보옵건대
　　하늘·인간·용과 귀신
　　야차들과 건달바와 긴나라 등
　　저마다가 부처님께 공양하며
④ 모든 여래(如來) 보옵건대
　　자연스레 불도(佛道) 이뤄
　　몸빛 마치 황금산과 같사오며
　　단엄하기 두렷이나 미묘하여
⑤ 맑고 맑은 유리병 안
　　황금의 상 두렷하듯
　　대중 속의 세존께서

심오한 법 뜻을 밝혀 펴시옵고
⑥ 날날 모든 불토마다
　　 성문들이 무수한데
　　 여래께서 광명 비춰
　　 그 모두를 대중에게 보였으며

頌 4
① 혹은 어떤 비구 있어
　　 숲속에서 정진하며
　　 청정계율 지키기를
　　 밝은 구슬 보호하듯
② 모든 보살 보옵건대
　　 보시·인욕 수행하되
　　 그 숫자가 갠지스강 모래알 수
　　 부처님의 광명 비춘 덕분이라
③ 모든 보살(菩薩) 보옵건대
　　 온갖 선정(禪定) 깊이 들어

몸과 마음 고요하게 꼼짝 않고
무상도(無上道)를 구하옵고
모든 보살(菩薩) 보옵건대
일체법의 적멸상(寂滅相)을
바로 알아 저마다의 국토에서
설법하며 불도만을 구하도다.

바로 그때 사부대중(四部大衆)
일월등명(日月燈明) 부처님의
크고도 큰 신통력을 보자옵고
그 마음이 기쁨으로 가득하여
이런 연유(緣由) 웬일인지
저마다가 서로서로 묻더이다.

하늘·인간 존경받는 세존께서
그때 마침 삼매에서 일어나서

묘광보살 칭찬하사 이르시길
'그대 세간(世間) 눈이 되어
그 모두가 귀의하여 믿는 바라
능히 경전 받들어서 지닐지니
나의 설법(說法) 그대만이
증득(證得)하여 알 터이다.'
세존(世尊)께서 찬탄하사
묘광보살 기쁘도록 하시고는
법화경(法華經)을 설하시되
60소겁(六十小劫) 꽉 차도록
그 자리서 일어나지 않으시고
위없이도 미묘한 법 설하시니
묘광법사 그 모두를
능히 받아 지니더라.

頌 7

저 부처님 법화경을 설하시어

대중들을 기쁘도록 하신 뒤에
바로 그날 하늘·인간
모두에게 고하시길
'모든 법의 참모습(諸法實相)을
이제 이미 너희에게 설했으니
나는 오늘 한밤중에
바로 열반 들겠노라.
그대들은 일심으로 정진하여
방일(放逸)하지 말지어다
부처님들 만나 뵙기 어려워서
억겁에나 겨우 한번 뵐 정도라.'
불세존(佛世尊)의 모든 제자
열반한단 말씀 듣고 저마다가
슬퍼하고 고뇌하며 '부처님의
멸도 어찌 이다지도 빠르신고!' 하였나니.

① 성인 중에 성인이신 법왕께서
　　무량중생(無量衆生) 위안하사
　'내가 설령 멸도(滅度)해도
　　너희들은 근심하지 말지어다.
② 번뇌 다한 참모습(無漏實相)을
　　덕장보살 마음 이미 통달하고
　　이다음에 틀림없이 성불하여
　　그 이름은 정신(淨身)이니
　　무량중생 건지리라.' 하시고는
③ 섶이 다해 불 꺼지듯 그날 밤에
　　세존께서 멸도(滅度)커늘
　　모든 사리(舍利) 나누어서
　　한량없이 많은 탑을 세웠으며
④ 갠지스강 모래 수의
　　모든 비구·비구니들
　　다시 더욱 정진하여

무상도를 구하더라.

頌9

묘광법사(妙光法師) 부처님의
진리 창고 받들어서 지니옵고
팔십소겁(八十小劫) 오랜 세월
법화경을 두루 널리 폈거니와
여덟 왕자(八王子) 그 모두가
묘광법사(妙光法師) 교화 받고
무상도(無上道)를 굳건히 해
많고 많은 부처님들 친견하고
그분들께 공양 올려 마친 뒤에
크나큰 도 순리대로 수행하고
서로서로 연이어서 성불하여
차례차례 수기(授記) 하니
마지막의 천중천(天中天)은
그 명호가 연등부처(然燈佛)!

서품 제1

51

여러 신선 스승(導師) 되어
무량중생(無量衆生) 건지셨네.

頌2.0

바로 그때 묘광법사
한 제자가 있었으니
마음 항상 게으르고
명리에만 탐착하여
명리 구해 하다히도
명문가나 들락거려
독송하고 익히던 일 다 버리고
꽉 막혀서 통하지를 못했으니
이와 같은 인연(因緣)으로
구명(求名)이라 불렀거늘
그럼에도 착한 업은 많이 지어
많고 많은 부처님들 친견하고
그분들께 공양 올려 크나큰 도

순리대로 수행하고
육바라밀 갖추다가
석가세존 지금 뵙고
이다음에 틀림없이
성불하여 미륵이라 부르리니
뭇 중생들 두루 널리 제도하여
그 숫자가 헤아릴 수 없으리라.

저 부처님 멸도한 뒤
게으른 자 바로 그대!
또한 그때 묘광법사
지금 바로 이 몸이라.
내가 뵀던 일월등명 부처님의
상서로운 본래 광명(光明)
이러하니 이는 지금 부처님도
법화경을 설하고자 함일러라.

頌12

"예와 지금 같은 상서(祥瑞)
그 모두가 부처님들 방편이라
여래께서 빛줄기를 지금 놓아
실상의 뜻 밝히는데 도움 줄새
그대들은 이제 응당 알아채고
일심으로 합장하고 기다리면
세존께서 진리의 비 내리셔서
구도자를 흠뻑 적셔 주시리니
삼승의 법 구하는 자
행여 의심 있더라도
여래께서 남김없이
끊어 없애 주시리라."

묘법연화경 서품 제1 마침

묘법연화경(妙法蓮華經)
방편품(方便品) 제2

1.

그때에 세존께서 평온하게 삼매에서 일어나셔 사리불에게 고하시길:

"모든 부처님의 지혜는 깊고도 깊어 한량이 없으며, 그 지혜의 문(방편지)은 이해하기도 어렵고, 들어가기도 어려워서 일체 성문과 벽지불은 능히 알 수가 없나니, 어인 까닭인고?

여래는 일찍이 백천만억의 많고 많은 부처님을 몸소 가까이하여, 모든 부처님의 한량없는 수행법(도법)을 전부 다 행하였고, 용맹스레 정진하여 명성이 널리 퍼졌으며,

일찍이 없던 깊고도 깊은 법을 성취하여 상대를 따라 설하기 때문에 그 뜻을 이해하기가

어려우니라.

2.

사리불아! 내가 성불한 뒤에 가지가지 인연과 가지가지 비유로 널리 가르침을 폈으며, 많고 많은 방편으로 중생을 인도하여 모든 집착을 여의도록 하였으니, 어인 까닭인고?

여래는 방편바라밀과 지견바라밀(方便知見波羅蜜)을 모두 다 갖췄기 때문이니라.

사리불아! 여래의 지견(知見)은 광대하고도 심원하여 4무량심(四無量心)과 4무애(四無礙)와 10력(十力)과 4무소외(四無所畏)와 선정과 해탈, 그리고 삼매(三昧)에 끝까지(無際) 깊이 들어가 일체 미증유의 법(未曾有法)을 성취하였나니.

사리불아! 여래가 능히 가지가지 분별로 모든 법을 절묘하게 설하되, 부드러운 말로 대중들의 마음을 기쁘게 하나니, 사리불아! 요점을 취하여 말하자면 한량없고 끝이 없는 미증유(未曾有)의 법을 부처님이 전부 다 성취하였느니라.

그만두자, 사리불아! 더 이상은 말할 필요가 없으니, 어인 까닭인고? 부처님이 성취한 가장 희유하고도 이해하기 어려운 법은 오직 제불들만이 모든 존재의 참모습을 (諸法實相) 속속들이 능히 알 수 있기 때문이니라.

이른바 모든 법의 이와 같은 모습(如是相)·이와 같은 성질(如是性)·이와 같은 본체(如是體)·이와 같은 힘(如是力)과 이와 같은 작용(如是作)·이와 같은 직접원인(如是因)·이와 같은 간접원인(如是緣)·이와 같은 결과(如是果)·

이와 같은 받음(如是報)·이와 같은 본말구경(如是本末究竟) 등이니라."

4.

이어서 세존께서 거듭하여 이 뜻을 펴시고자 게송으로 이르시길:

"천상이나 인간이나 일체 모든
　중생들은 이 세상의
　영웅이신 부처님을
　능히 알 수 없으리니
　부처님의 열 가지 힘·무소외와
　해탈(解脫)이나 온갖 삼매(三昧)
　부처님의 또 다른 법(諸餘法)
　측량(測量)할 길 없으리니
　본래부터 많고 많은 여래 좇아

온갖 도법(道法) 행해 갖춘
깊고 깊은 미묘(微妙)한 법
보는 것도 아는 것도 어렵거늘
한량없는 억겁 동안
이런 온갖 도를 닦아
도량에서 이룬 성취
나는 이미 모두 알고 보았노라.

이와 같은 큰 과보와
가지가지 성품들과 모습의 뜻
시방세계(十方世界) 부처님과
오직 나만 능히 이 일 알 뿐이니
이 법 정녕 보여줄 수 없거니와
언사마저 끊겼거늘
밝고 많은 온갖 중생
누가 능히 알겠냐만

굳건하게 믿음 지닌
보살들은 제외니라.

頌 3

제불여래(諸佛如來) 제자들이
일찍이도 제불에게 공양하고
일체(一切) 번뇌(漏) 다하여서
윤회로는 최후 몸(最後身)에
머무는 자 이와 같은 사람들도
그 힘으로 감당하지 못하리라.

頌 4

지혜 제일 사리불이
세상천지 꽉 차도록
함께 모여 생각해도
부처 지혜 알 수 없고
지혜 제일 사리불이
시방세계 가득하고

또한 다른 모든 제자
온 누리에 꽉 차도록
함께 모여 생각해도
또한 능히 알 수 없고
번뇌 다한 마지막 몸
날카로운 지혜 지닌 벽지불이
온 누리에 꽉 차도록
그 숫자가 대숲 같은
이런 자를 일심으로
무량 세월 억겁토록
부처님의 참된 지혜(眞智)
생각한들 조금치도 알 수 없고
첫 발심한 보살들이 많고 많은
부처님께 공양하고 온갖 도리
명료(明了)하게 통달하여
설법(說法) 또한 잘하는 이

⑥ 나락같이·삼대같이·대숲같이
　갈대같이 온 누리에 가득하여
　갠지스강 모래수겁 다하도록
　묘한 지혜 일심으로
　모두 함께 생각해도
　부처 지혜 알 수 없고
⑦ 갠지스강 모래알 수
　불퇴전의 모든 보살
　일심으로 함께 생각
　쥐어짜도 또한 능히 알 수 없네.

이제 다시 이르노니 사리불아!
번뇌 다한 부사의(不思議)한
깊고 깊은 미묘(微妙)한 법
지금 내가 이미 얻어 갖췄거늘
참모습(是相)은 오직 나와

시방세계 부처님만 알 뿐이네.

頌 6

사리불아! 분명하게 알지어다.
제불 말씀 어긋나지 아니하니
부처님의 설(說)한 법(法)에
응당 크게 믿는 힘을 낼지어다.
세존의 법 오래 지난 뒤에라야
요긴하게 진실한 법 설하거늘
모든 성문(聲聞) 대중(大衆)들과
연각승(緣覺乘)을 찾는 자와
내가 이미 괴롭 결박 풀어 주어
열반 얻은 모두에게 고하노니
부처님이 방편의 힘 사용하여
삼승으로 가르쳐서 보인 것은
중생들이 곳곳마다 집착할새
인도하여 벗어나게 함이로다.'

5.

 그때에 대중 가운데 성문들로 번뇌가 다한 아라한(阿羅漢)인 아야교진여 등 천이백 명과 성문·벽지불의 마음을 일으킨 비구·비구니·우바새·우바이가 저마다 생각하기를,

 '지금 세존께서는 어찌하여 은근히 방편을 칭찬하시고, 부처님께서 얻으신 법은 깊고도 깊어 이해하기 어려우며, 말씀하신 뜻도 알기가 어려워서 일체의 성문이나 벽지불은 미칠 수가 없다 하시는고?

 부처님께서 해탈의 뜻은 오직 하나라고(一解脫義) 설하셨고, 우리들도 또한 이 법을 얻어서 열반에 이르렀거늘, 지금 말씀하시는 뜻을 도저히 알 수가 없도다.' 하였나니.

 그때에 사리불이 사부대중(四部大衆)의 의심을 알 뿐만 아니라, 스스로도 분명히 알지 못

하므로 부처님께 사뢰기를:

"세존이시여! 어떠한 인연으로 제불의 으뜸가는(第一) 방편은 매우 깊고도 미묘해서 이해하기 어려운 법이라고 은근히 칭찬하시나이까?

제가 예전부터 부처님께 이와 같은 말씀은 일찍이 들어본 적이 없사옵고, 지금의 네 부류 대중들도 모두가 다 의심(疑心)하니 원하옵건대 세존이시여! 이 일을 부디 자세히 설해 주옵소서!

어찌하여 세존께서는 매우 깊고도 미묘해서 이해하기 어려운 법이라고 은근히 칭찬하시나이까?"

이어서 사리불이 거듭하여 이 뜻을 펴고자

게송으로 사뢰기를:

頌 1

"태양같이 밝은 지혜, 대성(大聖)이신
세존(世尊)께서 오래 지난 지금에야
열 가지 힘·무외(無畏)·삼매
선정(禪定)·해탈 이런 모든
부사의법(不可思議法) 얻으셨다
몸소 설해 주시거늘
도량에서 얻으신 법
그 누구도 질문하지 아니하고
부처님 뜻 측량할 수 없다 해도
마찬가지 질문하지 아니할새
'부처님들 얻은 지혜
묘하고도 묘하다.'고
행하신 도 칭찬하사
질문없이 스스로가 설하시니

번뇌 다한 아라한(阿羅漢)과
열반(涅槃)의 길 구(求)하는 자
지금 모두 의심의 덫 걸려들어
세존 말씀 의아하게 여깁니다.
연각의 길 구하는 자
또한 비구·비구니와
모든 천·용·귀신들과
건달바 등 대중들이
서로 보고 머뭇대며
양족존(兩足尊)을 우러르니
원하건대 그 이유가 무엇인지
여래께서 설명하여 주옵소서!

세존께서 모든 성문 가운데서
제가 가장 으뜸이라 하셨건만
저도 지금 스스로의 지혜로는

의혹들을 명쾌하게 모르오니
　　이 구경의 법(究竟法)입니까?
　　닦아야 할 도(行道)입니까?
　　부처님의 상속자인 아들딸들
　　합장하고 우러르며 기다리니
　　원하건대 미묘하신 음성으로
　　때맞춰서 여실하게 설하소서!
　　모든 천·룡·귀신(鬼神)들이
　　갠지스강 모래알 수 같사오며
　　불도만을 추구하는 보살들도
　　그 숫자가 팔만(八萬)이라
　　또한 모든 만억 국토(萬億國土)
　　전륜성왕(轉輪聖王) 여기 와서
　　합장하고 공경하는 마음으로
　　구족한 도 듣잡고자 하옵니다."

7.

그때에 부처님께서 사리불에게 고하시길 :
"그만두고 그만두자. 더 이상은 말할 필요가 없으니 만약에 이 일을 설한다면, 일체 세간의 하늘과 인간들이 모두 다 분명히 놀라고 의심하리라."

사리불이 거듭하여 부처님께 사뢰기를 :
"세존이시여! 원하옵건대 부디 설해주옵소서! 원하옵건대 부디 설해주옵소서! 왜냐하오면, 이 모임의 많고 많은 백천만억 아승기의 중생들은 일찍이 제불(諸佛)을 친견하여, 모든 감각기관이(五根) 매우 예리하고 지혜도 아주 밝아, 부처님의 말씀을 듣자오면 곧바로 공경하면서 믿을 수 있기 때문이옵니다."

이어서 사리불이 거듭하여 이 뜻을 펴고자 게송으로 사뢰기를 :

頌

"위없이도 존귀하신 법왕이시여!
이 모임의 한량없는 중생들은
능히 믿고 공경하는 자들이니
원하건대 걱정하지 마옵시고 설하소서!"

8.

부처님께서 거듭하시길 :
"그만두자, 사리불아! 만약에 이 일을 설한다면, 일체 세간의 하늘과 인간 그리고 아수라 등이 모두 다 분명히 놀라고 의심할 것이며, 증상만(增上慢)의 비구는 장차 지옥의 커다란 불구덩이에 떨어지리라."

이어서 세존께서 거듭하여 게송으로 이르시길 :

頌

"그만두고 그만두자. 말할 필요 없거니와

나의 법은 미묘하여 생각하기 어렵나니
증상만(增上慢)의 모든 이들 듣고서는
틀림없이 공경 않고 불신(不信)하리."

9.
　그때에 사리불이 거듭하여 부처님께 사뢰기를 :
"세존이시여! 원하옵건대 부디 설해주옵소서! 원하옵건대 부디 설해주옵소서!
　지금 이 모임의 저와 같은 백천만억의 사람들은 세세생생 일찍이 부처님께 교화를 받았사오니, 이들은 반드시 공경하여 믿고서 기나긴 어두운 밤, 안온하여 이익이 많을 것이옵니다."

이어서 사리불이 거듭하여 이 뜻을 펴고자 게송으로 사뢰기를:

頌

"양족존인 더할나위 없으신분
원하건대 제일의법 설하소서!
부처님의 장자인 저 위하시사
분별(分別)하여 설하소서!
여기 모인 무량중생(無量衆生)
이 법 능히 공경(恭敬)하여
믿으리니 일찍부터 부처님께
세세생생 가르침을 받았기에
모두가 다 일심으로 합장하고
여래 말씀 경청코자 하옵나니
천이백의 저희들과 불도만을
추구(追求)하는 또 다른 이
이런 대중(大衆) 위하시사

원하건대 분별하여 설하소서!
이들 모두 가르침을 듣는다면
바로 크게 기쁜 마음 내오리다."

11.
그때에 세존께서 사리불에게 고하시길 :
"그대가 이미 간곡히 세 번이나 부탁하니, 어찌 설하지 않겠는가? 그대는 이제 자세히 듣고 잘 생각할지어다. 내가 마땅히 그대를 위하여 분별하고 해설하리라."
이런 말씀을 하실 적에, 모임 가운데의 비구·비구니·우바새·우바이들 5천 명이 곧바로 자리에서 일어나, 부처님께 예를 올리고 물러갔나니.
왜냐하면 이런 무리들은 죄의 뿌리가 매우 깊고 무거울 뿐만 아니라 증상만(增上慢)이기 때문이니, 얻지 못하고도 얻었다 하고 깨치지 못하고도 깨쳤다고 하는 허물이 있어서 머물지 못하고 물러가거늘, 세존께서는 묵묵히 말리지 않으셨나이다.

12.

그때에 부처님께서 사리불에게 고하시길:
"이제 나의 이 대중들은 다시는 가지와 이파리(枝葉)는 없고 순전히 알맹이(貞實)만 남았으니, 사리불아! 이러한 증상만의 사람은 물러가도 좋으니 그대는 이제 잘 들을지어다. 그대를 위하여 마땅히 설하리라."

사리불이 사뢰기를:
"알겠사옵니다. 세존이시여! 즐거이 듣기를 원하옵니다."

13.

부처님께서 사리불에게 고하시길:
"이와 같은 미묘한 법을 제불여래께서는 때가 되어야 비로소 설하시거늘, 마치 우담발화(優曇鉢華)가 때가 되어야 한번 피는 것과 같나니, 사리불아! 그대들은 부처님의 설하신 바를 마땅히 믿을지니 그 말이 결코 허망하지 않느니라.

사리불아! 제불께서 상대를 따라 설하신 가르침은 그 뜻을 이해하기가 어려우니, 어인 까닭인고?

내가 많고 많은 방편과 가지가지 인연과 비유와 언사로 모든 법을 연설하니, 이 법은 생각으로 따져서는 결코 이해할 수가 없고 오직 제불(諸佛)만이 능히 알 수 있기 때문이니라.

어인 까닭인고? 제불세존(諸佛世尊)은 오직

이 '하나의 커다란 일의 인연(一大事因緣)'으로 세상에 출현하시기 때문이다.

사리불아! 어찌하여 제불세존께서 오직 이 일대사인연(一大事因緣)으로 세상에 출현하신다 하는고?

제불세존께서 중생들에게 부처님의 지견(佛知見)을 열어서(開) 청정함을 얻게 하려고 세상에 출현하시며,

중생들에게 부처님의 지견을 보이고자(示) 세상에 출현하시며,

중생들에게 부처님의 지견을 깨닫게 하고자(悟) 세상에 출현하시며,

중생들에게 부처님 지견의 도(道)에 들어가게 하고자(入) 세상에 출현하시니,

사리불아! 이것이 제불께서 일대사인연으로 세상에 출현하신다는 것이니라."

14.

부처님께서 사리불에게 고하시길 :
"제불여래(諸佛如來)께서는 오직 보살만을 교화할 뿐이며, 그 몸짓 하나하나도 항상 하나의 일을 위한 것이니, 오직 중생에게 부처님의 지견(知見)을 보여 깨닫게 할(悟入) 따름이니라.

사리불아! 여래는 중생을 위하여 오직 일불승(一佛乘)만을 설법할 뿐 또 다른 이승(二乘)이나 삼승(三乘)은 없나니, 사리불아! 일체 시방세계 제불의 가르침도 역시나 이와 같도다.

15.

사리불아! 과거의 부처님들이 한량없이 많고 많은 방편과 가지가지 인연과 비유와 언사(言辭)로 중생을 위하여 모든 법을 연설하셨지만, 이러한 법은 모두가 일불승(一佛乘)을 위해서니 이 모든 중생들이 제불의 법을 듣고, 마침내는 전부가 모든 걸 꿰뚫어 아는 지혜를(一切種智) 얻게 되었느니라.

사리불아! 미래의 부처님들도 마땅히 세상에 출현하사, 역시나 한량없이 많고 많은 방편과 가지가지 인연과 비유와 언사로 중생을 위하여 모든 법을 연설하시지만, 이러한 법은 모두가 일불승(一佛乘)을 위해서니 이 모든 중생들이 부처님의 법을 듣고, 마침내는 전부가 일체종지(一切種智)를 얻게 되느니라.

사리불아! 현재 시방세계 한량없는 백천만억 불국토의 제불세존께서 중생에게 다분히 요익(饒益)토록 하여 안락을 주고 계시는데, 이 부처님들도 역시나 한량없이 많고 많은 방편과 가지가지 인연과 비유와 언사로 중생을 위하여 모든 법을 연설하시지만, 이러한 법은 모두가 일불승(一佛乘)을 위해서니 이 모든 중생들이 부처님의 법을 듣고, 마침내는 전부가 일체종지(一切種智)를 얻느니라.

사리불아! 이 모든 부처님들은 오직 보살만을 교화하여 부처님의 지견을 중생에게 보여주기(示) 위함이며, 부처님의 지견을 중생이 깨닫도록 하기(悟) 위함이며, 부처님의 지견에 중생이 들어가도록 하기(入) 위함이니라.

사리불아! 지금의 나도 또한 다시 이와 같아서, 모든 중생들이 가지가지 욕망으로 마음속 깊이 집착하는 줄 알기 때문에, 그 본성에 따라 가지가지 인연과 비유의 언사와 방편의 힘(方便力)으로 설법하나니, 사리불아! 이것은 모두가 일불승과 일체종지를 얻게 하려는 것이니라.

17.
사리불아! 시방세계 어디에도 이승(二乘)이 없거늘, 어찌 하물며 삼승(三乘)이 있겠느뇨?
사리불아! 제불께서 오탁악세(五濁惡世)에 출현하시나니, 이른바 겁탁(劫濁)과 번뇌탁(煩惱濁)과 중생탁(衆生濁)과 견탁(見濁)과 명탁(命濁)이라.
이와 같이 사리불아! 겁탁(劫濁)의 혼란할 때에 중생의 번뇌가 무거워서 인색과 탐욕과 질투로 온갖 착하지 못한 근성을 이룬 까닭에, 제불께서 방편력으로 일불승을 셋으로 나누어 설명하느니라.

18.

사리불아! 만약에 나의 제자로서 제불여래께서 오직 보살만을 교화하는 이런 일을 듣지도 못하고, 알지도 못하면서 스스로가 아라한이나 벽지불이라고 말하는 자는 부처님의 제자가 아니며, 아라한도 벽지불도 아니니라.

또한 사리불아! 이 모든 비구와 비구니가 스스로 이미 아라한과를 얻었으니, 자기는 마지막 몸(最後身)이며 궁극적인 열반이라 말하면서 다시는 '최상의 완전한 깨달음'을 구할 뜻이 없다면 분명히 알지어다.

이런 무리는 전부가 증상만의 사람이니, 어인 까닭인고? 만약에 비구가 실제로 아라한을 얻고서 이 법을 믿지 않는다는 것은 결코 옳지 않기 때문이니라.

다만 부처님이 멸도하신 뒤러서 현재 계시

지 않는 동안은 제외하나니, 어인 까닭인고?

 부처님이 멸도하신 뒤에 이러한 경전들을 마음에 새겨 지니면서, 독송하며 그 뜻을 해설하는 사람은 참으로 만나기 어려운데도 만약에 다른 부처님을 만난다면, 그들 또한 이 가르침을 곧바로 환히 알 수 있기 때문이니라.

 사리불아! 그대들은 마땅히 일심으로 믿고 이해하여 부처님의 말씀을 마음에 새겨 지닐지어다.

 제불여래(諸佛如來)의 말씀은 결코 허망하지 않나니, 다른 승(乘)은 없고 오직 일불승만 있느니라."

19.

 이어서 세존께서 거듭하여 이 뜻을 펴시고

자 게송으로 이르시길:

제1

"증상만을 품고있는
비구들과 비구니와
아만에 찬 우바새와
믿음없는 우바이들
이와 같은 사부대중
그 숫자가 5천인데
제 허물이 드러나도
자기 자신 돌아보지 아니하고
있는 흠결(欠缺) 감추려는
얄팍한 지혜로서 나갔거늘
이 자들은 대중 속의 쭉정이라
부처님의 위력으로 떠났으니
그 사람들 복덕(福德) 적어
이 법 받아 감당할 수 없거니와

지금 대중 결가지와 잎은 없고(枝葉)
알맹이만(貞實) 남았도다.

頌 2

① 제불(諸佛)께서 얻으신 법(法)
한량(限量)없는 방편(方便)으로
중생(衆生) 위해 설(說)하시니
사리불은 깊이 새겨 들을지라.
② 중생심의 생각들과
가지가지 행한 도와
모든 욕망·성격들과
지난 생의 선·악업을
③ 부처님은 모두 알고
가지가지 인연들과
비유·언사·방편으로
그 모두를 기쁘도록 하였으며
④ 어떤 때는 수다라(修多羅)와

가타(伽陀)・본사(本事)・본생담(本生談)과
미증유(未曾有)를 설했으며
또한 다시 인연(因緣)들과
비유・기야(祇夜)・우바제사(優婆提舍)
9부경(九部經)을 설했거늘
둔한 근기 얕은 법을 좋아하여
생사(生死)에만 탐착(貪著)하고
한량(限量)없는 부처님의
깊고 묘한 도는 행치 아니하고
숱한 고통 괴롬 속에 시달리니
이를 위해 열반의 길 설했노라.

내가 이런 방편들을 베풀어서
불지혜에 들어가게 하였으나
일찍이도 '너희 응당 성불하리.'
설하지는 않았으니

㉡ 아직까지 안 한 이유
때가 오지 않아서니
이제 말할 바로 그때!
확실하게 대승의 법 설하노니
나의 이런 9부경은
중생들의 수준 따라
대승으로 들게 하는
근본일새 이런 경전 설했도다.

깨끗한 맘 지닌 불자(佛子)
부드럽고 자질 또한 예리하여
한량없는 부처님의 처소에서
깊고 깊은 미묘한 도 행한다면
이런 모든 불자(佛子) 위해
대승경(大乘經)을 설하여서
내가 이들 모두에게 오는 세상

성불(成佛)한다 수기(授記)하리.
깊고깊은 마음으로 염불하고
청정계율 지키면서 수행할새
이런이들 성불한단 말듣고서
온몸가득 기쁨으로 꽉 차리니
부처님은 저들 마음 다 알기에
위하여서 대승경을 설하나니
성문(聲聞)이나 보살(菩薩)들이
나의 설법(說法) 듣고서는
한 게송(偈頌)만 기억해도
그 모두가 의심없이 성불하리.
시방세계 불국토(佛國土)엔
일승법(一乘法)만 오직 있고
이승(二乘)·삼승(三乘) 없거니와
부처님의 방편설은 제외하니
다만 거짓 명칭(名稱)으로

중생들을 인도하여 깨우치네.

頌 5

부처 지혜(佛智慧) 설하려고
제불께서 이 세상에 나오시니
오직 하나 일승만이 진실일 뿐
이승·삼승 진실하지 못하기에
마침내는 소승(小乘)으로
중생제도(衆生濟度) 아니하고
부처 자신 대승안에 머물면서
그 얻은 바 법(法)과 같이
선정·지혜(智慧) 그 힘으로
장엄하여 중생들을 제도하니
위없는 도(道) 큰 수레(大乘)의
평등법을 스스로가 깨치고도
만약 한 명 일지라도
소승으로 교화하면

인색하고 탐욕스런 내가 될 터
그런 일은 있을 수가 없느니라.

누구 있어서 나를 믿고
귀의하면 여래 결코 속임 없고
또한 탐욕·질투심도 전혀 없어
모든 악을 끊었기에
시방세계 어디에도
세존 홀로 두려움이 없느니라.
상호로써 나의 몸을 장엄하고
광명(光明)으로 세간(世間) 비춰
한량없는 중생에게 존중받고
실상인(實相印)을 설하도다.
사리불은 분명하게 알지어니
내가 본래 세운 서원(誓願)
일체중생(一切衆生) 그 모두를

나와 전혀 다름없게 함이거늘
옛적 품은 나의 소원(所願)
오늘에야 만족(滿足)하니
일체중생(一切衆生) 교화하여
그 모두가 불도 안에 들게 하리!

만약 내가 중생(衆生) 만나
불도(佛道) 힘껏 가르쳐도
지혜롭지 못한 자는 착란하고
미혹되어 그 가르침 안 받거늘
내가 이런 중생들을 다 아나니
일찍이도 착한 근본 아니 닦고
오욕에만 깊이 빠져 어리석게
애착하고 고뇌 속에 헐떡이며
온갖 욕망(欲望) 인연(因緣)하여
삼악도(三惡道)에 떨어지고

여섯 갈래 윤회(輪廻)하며
갖은 고초(苦楚) 받느니라.
모태 속의 미미하던 모습으로
세세생생 항상 그리 자라서는
박덕하고 복도 적은 사람으로
숱한 고통(苦痛) 시달리며
한편으로 있다느니 없다느니
삿된 견해(邪見) 숲에 빠져
이로 좇아 생긴 견해(見解)
예순둘이(六十二見) 갖춰지매
허망한 법 고집스레 집착하고
견고하게 받아들여 못 버리며
아만심과 자존심만 팽배하고
아첨하며 진실하지 못하여서
천만억겁(千萬億劫) 지나도록
부처님의 이름조차 못 들으며

정법 또한 못듣거늘 이런 사람
제도(濟度)하기 어렵도다.

頌 8

그렇기에 사리불아!
내가 방편 베풀어서
괴롬 끊는 길을 설해
열반의 길 보였나니
내가 비록 열반이라 설했으나
이것 또한 참된 열반 아니거늘
모든 법(法)이 본래(本來)부터 (諸法從本來)
스스로가 늘 적멸한 모습이라 (常自寂滅相)
불자들이 도를 행해 마친다면 (佛子行道已)
오는 세상 틀림없이 성불하리. (來世得作佛)

頌 9

내가 비록 방편(方便)으로
삼승법(三乘法)을 열어젖혀

보였으나 일체 모든 세존들은
전부가 다 일승도만 설하나니
지금의 이 모든 대중(大衆)
의혹(疑惑) 전부 버릴지니
제불(諸佛) 말씀 틀림없어
이승없고 오직 일승 뿐이라네.

지난 세상 무수겁(無數劫)에
열반하신 한량없는 부처님들
그 숫자가 백천만억
헤아릴 수 없거니와
이와 같은 세존들도
가지가지 인연·비유
많고 많은 방편으로
모든 존재 참모습을 설하시고
이런 모든 세존(諸世尊)들도

전부가 다 일승법을 설하셔서
무량중생(無量衆生) 교화하여
불도 안에 들어가게 하셨으며
또한 모든 위대하신 성인께서(大聖主)
일체 세간 하늘·인간
온갖 부류 중생들의
깊숙한 맘 욕망 아셔
다시 다른 방편으로
도와주어 드러내네.

혹은 어떤 중생들은 과거 모든
부처님들 만나서는
법문 듣고 보시하고
계율 지녀 인욕하며
정진하고 선정·지혜
가지가지 복과 지혜 닦았기에

이와 같은 모든 사람
이미 성불 하였으며

부처님들 멸도한 뒤
그 마음이 착하고도 유연한 자
이와 같은 모든 중생
이미 성불 하였으며

부처님들 멸도한 뒤
불사리에 공양코자
만억 가지 탑 세워서
금과 은과 수정 자거
마노·옥수·매괴(玫瑰)
유리보배·진주들로
모든 탑을 청정하게 두루 널리
장엄하고 아름답게 치장하며

③ 혹은 석탑 건립하고
　전단·침수·목밀향과
　다른 목재·벽돌이나
　기와거나 진흙들과
　넓은 들판 한가운데
　흙을 쌓아 부처님 탑 세우거나
④ 어린 동자 재미 삼아
　모래 모아 탑 세웠던
　이와 같은 모든 사람
　이미 성불 하였으며

⑤ 뉘 있어서 부처님을 위하기에
　여러 형상 건립하되 조각으로
　온갖 모습 조성하고
　이미 성불 하였으며
⑥ 혹은 칠보·놋쇠 등과

붉은 구리·흰 구리와
백랍·주석·쇠와 나무
진흙으로 만들거나
혹은 다시 아교·옻을 칠한 베로
부처님 상(像) 장엄하게 꾸미었던
이와 같은 모든 사람
이미 성불 하였으며
백 가지 복 장엄한 상
그린 불상 채색으로
스스로나 남을 시켜 그린 자도
이미 성불 하였으며
어린 동자 재미 삼아
초목이나 붓이거나
손톱으로 [그으거나]
부처님 상 그렸어도
이와 같은 모든 사람

점점 쌓은 공덕으로
대자비심 갖추고서
이미 성불 하였거늘
오직 모든 보살들을
교화하여 무량중생 제도하리.

※15
뉘 있어서 탑과 불상
탱화 향해 꽃과 향과
깃발·일산(幡盖)
공경하는 마음으로 공양하고
남을 시켜 온갖 악기 연주하되
북을 치고 소라 불며
피리·퉁소·거문고와
공후·비파·징과 바라
이런 온갖 묘한 음악
고운 선율 공양하며

혹은 기쁜 마음으로
　　부처님 덕 칭송하되
　　한마디만 하였어도
　　이미 성불 하였으며
　　뉘 있어서 뒤숭숭한 맘이라도
　　한 송이의 꽃이나마 탱화 앞에
　　공양하면 차츰차츰 많고 많은
　　부처님들(諸佛) 뵙게 되며
　　뉘 있어서 불상(佛像) 앞에
　　절하거나 합장 한번 한다거나
　　한 손만을 든다거나
　　또한 다시 고개 한번 약간 숙인
　　이와 같은 공양해도 차츰차츰
　　한량없는 부처님들 뵙게 되어
　　스스로가 무상도를 이룩고서
　　많고 많은 중생(衆生) 널리

제도하고 섶이 다해 불꺼지듯
무여열반(無餘涅槃) 들어가리.

게 16

① 뉘 있어서 뒤숭숭한 맘이라도
탑 가운데 들어가서 '나무불'을
단 한 번만 부르고도
이미 성불 하였으며

② 모든 과거 부처님들
계시거나 멸도한 뒤
이런 법문 들었다면
이미 성불 하였다네.

게 17

① 미래세의 모든 세존
한량없이 많거니와
이런 모든 여래들도
마찬가지 방편으로 설법하며

일체 모든 여래(如來)께서
한량없는 방편(方便)으로
중생들을 제도하여 부처님의
무루지(無漏智)에 들게 하니
이 법문을 들은 자는
빠짐없이 성불하리.
제불 본래 세운 서원
스스로가 행한 불도
중생들도 두루 널리
이러한 도 함께 얻길 원함이라.

미래세의 부처님들
백천억의 많고 많은
법문들을 설하련만
실제로는 일불승을 위해서라
지혜·복덕 구족하신 부처님들

법이 항상 자성없음 알면서도
부처 종자 인연 따라 생기므로
일불승(一佛乘)을 설(說)하나니
이러한 법 본래 거기 머물면서(法住)
세간모습 그대로 늘 머무나니(常住)
도량(道場)에서 이미 알고
도사께서 방편으로 설한다네.

하늘·인간 공양받는 현재계신
갠지스강 모래알 수
시방세계 부처님들
이 세상에 출현하사
중생들을 안온토록
또한 이 법 설하나니
으뜸가는 적멸법을 알면서도
방편(方便)의 힘 사용하여

가지가지 도를 비록 보였지만
실제로는 일불승을 위함이며
중생들의 온갖 행과
깊숙한 맘 생각들과
지난 과거 익힌 업과
욕망·성격·정진력과
모든 근의 예리하고
둔함 알아 가지가지
인연·비유·언사들로
상대 따라 방편으로 설하도다.

지금 나도 이와 같이
중생들을 안온토록
가지가지 법문으로
불도 펴서 보이노라.

나의 지혜 그 힘으로
중생 성품·욕망 알고
방편으로 모든 법을 설하여서
전부가 다 기쁨얻게 하느니라.

頌 22

① 사리불은 분명하게 알지어다.
내가 얻은 깨달음의 그 눈으로(佛眼)
육도중생(六道衆生) 살펴보니
빈궁하고 복과 지혜 없어서는
② 나고 죽는 험한 길에 들어가서
이어지는 고통들이 끊임없고
오욕(五欲) 속에 깊이 빠져
검정물소 자기꼬리 애착하듯
③ 탐애(貪愛) 속에 자기 가둬
어두컴컴 아무것도 못 보면서
크고도 큰 위력 지닌 부처님과

고통 끊는 법 구하지 아니하고
온갖 사견(邪見) 깊이 빠져
괴롬으로 괴로움을 버리고자
하거니와 이런 중생 위하여서
대자비심(大慈悲心) 일으켰네.
내가 처음 도량 앉아
보리수를 바라보고
또한 걸어 삼칠일을
이 일 깊이 사유하되
'내가 얻은 이 지혜는
미묘하기 으뜸인데
중생들은 모든 근이 우둔하여
쾌락 속에 탐착하고 어리석은
눈먼 자라 이와 같은 무리들을
정녕 어찌 제도할꼬?' 하였도다.

즈음하여 모든 하늘
범천왕과 제석천왕
세상천지 보호하는
사천왕과 대자재천
아울러서 다른 하늘
백천만의 권속들이 공경하며
합장하고 깍듯이도 나를 향해
진리수레 굴릴 것을 청하거늘
내가 바로 사유(思惟)하길
'만약 오직 일불승만 찬탄하면
중생들은 고통 속에 빠진 채로
능(能)히 이 법(法) 믿지 않고
불신하고 법을 파한 까닭으로
삼악도(三惡道)에 떨어질 터
내 차라리 설법하지 아니하고
속히 열반 들겠노라.' 하였다가

바로 즉시 과거불(過去佛)의
행하셨던 방편력을 떠올리고
'내가 지금 얻은 도(道)를
또한 응당 삼승으로 설하리라.'

이런 생각(思惟) 하자마자
시방제불(十方諸佛) 모두 오셔
맑고 맑은 음성으로 위안하시
'훌륭하신 석가시여!
으뜸가는 도사시여!
위없는 법 얻고서는
일체 모든 제불처럼
방편력을 쓰시다니
우리들도 또한 모두
가장 또한 제일의 법 얻고서는
온갖 부류 중생들을 위하여서

삼승으로 분별하여 설했나니
ⓒ 조그마한 지혜로써 소승의 법 즐기면서
　　성불의 길 스스로들 안 믿을새
　　방편(方便)으로 여러 결과(結果)
　　분별하여 설하여서 비록 다시
　　삼승으로 설했으나 오직 보살
　　가르치기 위함이라.' 하셨거늘
　　사리불은 분명하게 알지어다.
　　내가 여러 사자 같은 부처님의
　　깊고 맑은 묘한 음성 듣자옵고
　　기쁨으로 '나무불'을 외쳤으며
　　또한 다시 생각하길 '내가 이제
　　오탁악세(五濁惡世) 나왔으니
　　제불(諸佛)께서 설(說)한 대로
　　나 역시도 순리대로 행하리라.'
　　이와 같이 사유하고 바로 즉시

바라나시(波羅奈) 갔느니라.

게25

모든 법의 적멸상(寂滅相)은
정녕 말로 펼 수 없어
방편의 힘 사용하여
다섯 비구 위하여서 설했나니
이게 바로 초전법륜(初轉法輪)!
바야흐로 열반이란 말과 함께
아라한과 법보·승보
차별 명칭 생겼으며
아득히 먼 세월 동안
열반의 법 찬탄하여 보이면서
생사고가 길이길이 끊긴다고
나는 항상 이와 같이 설했노라.

게26

사리불은 분명하게 알지어다.

불자(佛子)들을 내가 보니
불도(佛道)만을 추구하는
한량없는 천만 억(千萬億)이
모두가 다 공경하는 마음으로
나 있는 곳 찾아오니 일찍부터
제불 좇아 방편으로
설하신 법 들음이라.
내가 즉시 생각하길
'여래 출현 그 까닭은
부처 지혜 설함이니
지금 바로 그때로다.' 하였거늘
사리불은 분명하게 알지어다.
둔한 근기·지혜롭지 못한 자와
관념들에 집착하여 교만한 자
이 법 믿지 않더라도
나는 이제 기쁘게도

두렴 없이 모든 보살
향하여서 정직하게 방편 버려
바로 즉시 무상도를 설하노라.
보살(菩薩)들이 이 법 듣고
의심 그물 이미 모두 없앴으며
천이백의 아라한(阿羅漢)도
전부가 다 틀림없이 성불하리.
삼세(三世) 모든 부처님들
설법하는 의식대로
나도 이제 그와 같이
생각 좋건 그 자리를 설하노라.

여러 부처서 이 세상에 출현하심
멀고 멀어 만나뵙기 어려우며
설령 각 세상(世上) 출현(出現)해도
이 법 설함 더욱이나 어려우며

방편품 제2

② 한량없는 무수(無數)한 겁(劫)
이 법 듣는 것도 또한 어려우며
능(能)히 이 법(法) 들을 만한
그런 사람 정녕 찾기 어렵나라.
③ 비유컨대 우담발화(優曇鉢華)
누구나가 사랑하고 즐기지만
하늘에나 인간에나 드물어서
때가 돼야 한번 피듯
법을 듣고 기뻐하며
단 한마디 찬탄해도
바로 이미 삼세 모든 부처님께
공양함과 다름없어 이런 사람
드물고도 경이(驚異)로워
우담발화(優曇鉢華) 이상이라.
게 28
그대들은 의심하지 말지어다.

나 제법(諸法)의 왕(王)이 되어
널리 모든 대중에게 고하노니
오직 일승(一乘) 그 길로만
뭇 보살들 교화(教化)하여
이제 다신 성문 제자 없느니라.

사리불과 성문(聲聞)·보살(菩薩)
그대들은 분명하게 알지어다
묘한 이 법! 제불들의
비밀스런 법이니라.
오탁악세! 오직 온갖
욕망만을 즐겨 찾는
이와 같은 중생들은
끝내 불도 추구하지 않을거며
오는 세상 악인들도 부처님의
일승법(一乘法)을 들더라도

미혹하여 믿지 않고 법을 파해
　　삼악도(三惡道)에 떨어지리.
　　참괴하여 뉘우치며 청정하게
　　불도(佛道)만을 구하는 자
　　이런 자들 위하여서 응당 널리
　　일승(一乘)의 길 찬탄하라.

　　사리불(舍利弗)은 알지어다.
　　제불(諸佛)의 법 이와 같아
　　만억(萬億) 가지 방편(方便)으로
　　시의적절(時宜適切) 설법하니
　　이를 배워 습득하지 못한 자는
　　능히 밝게 통달하지 못하련만
　　이 세상의 스승이신 제불께서
　　시의적절 방편으로 설하신 일
　　그대들은 이미 알아 이제 다신

온갖 의혹 없으리니 마음으로
크게 기쁨 내고서는 성불할 줄
스스로가 분명하게 알지어다."

묘법연화경 방편품 제2 마침

묘법연화경(妙法蓮華經)
비유품(譬喩品) 제3

1.

그때에 사리불이 뛸 듯이 기뻐하며 곧바로 일어나서 합장하고, 부처님의 존안을 우러러보며 사뢰기를:

"지금 세존의 이러한 법문을 듣자옵고, 마음이 뛸 듯이 기뻐 일찍이 없던 바를 얻었나이다.

왜냐하오면 제가 예전에 부처님을 좇아 이러한 법문을 듣자옵고 '모든 보살들이 성불하리라.'는 수기(授記)를 보았거니와, 저희들은 그 일에 참예(參預)하지 못하고서 여래의 한량없는 지견(知見)을 잃었다고 스스로들 상심에 빠졌기 때문이옵니다.

2.

  세존이시여! 제가 항상 숲속의 나무 밑에서 홀로 기거하며, 혹은 앉거나 혹은 거닐면서 매번 생각하기를,
 '우리들도 똑같이 법성(法性)에 들어갔거늘, 어찌하여 여래께서는 소승의 법(小乘法)으로 제도하시는 걸까? 이것은 우리들의 허물이지 세존의 잘못이 아닐 것이다.'고 하였나니,
 왜냐하오면 만약에 저희들이 '최상의 완전한 깨달음'을 성취하는 요인(要因)을 설하실 때까지 기다렸다면, 반드시 대승으로 제도하여 해탈(解脫)시켰을 것이기 때문이옵니다.
 하지만 저희들은 방편(方便)으로 상대를 따라 설하심을 이해하지 못하고서, 맨 처음에 부처님의 가르침을 듣자마자 바로 믿고 받아들여 증득했다 생각하였나이다.

3.

 세존이시여! 제가 예전부터 날이 저물고 밤이 새도록 매양 스스로를 몹시 책망하다가, 이제야 부처님께 듣지 못한 미증유(未曾有)의 법(法)을 듣자옵고, 모든 의혹과 회한(悔恨)이 끊어져서 몸과 마음이 태연하여 흔쾌히 안온함을 얻었사옵니다.

 오늘에야 참된 부처님의 아들이요, 부처님의 입으로 태어났으며, 가르침을 좇아 변화하여 태어났으니, 비로소 부처님의 법을 상속받았다는 걸 알겠나이다."

4.

 이어서 사리불이 거듭하여 이 뜻을 펴고자 게송으로 사뢰기를:

"저희들이 이런 법음 듣자옵고
미증유(未曾有)를 얻었으며
마음 가득 기쁨 품고 의심 그물
이미 모두 끊었나니 예전부터
부처님의 가르침에 가피입고
대승의 법 잃지 않은 덕분이라.

부처님의 음성 매우 희유하사
중생 번뇌 능히 없애 주시거늘
번뇌(煩惱) 다한 저 역시(亦是)도
듣자옵고 근심 걱정 없나이다.

제가 항상 골짜기나
숲 속 나무 아래거나
앉았거나 거닐거나
이 일만을 생각하며

자책하되 '애달프다. 어찌하여
스스로를 속였던고? 우리 또한
불자(佛子)여서 무루법에
모두 함께 들었거늘
무상도를 미래세에
설하지도 못할 거며
금빛 몸과 삼십이상
열 가지 힘·팔해탈 등
그 모두가 한 법 속에 있으련만
이 일 얻지 못했으며
여든 가지 묘한 상호(八十種상호)
열여덟의 불공법 등(十八不共法)
이와 같은 공덕들을
나는 이미 잃었는가?' 하였으며
제가 홀로 거닐면서 바라보니
세존께서 대중 속에 계시면서

그 명성이 시방세계 가득 퍼져
널리 중생 요익토록 하시거늘
'자신 속여 이런 이익 잃었구나.'
그런 생각 했나이다.

※4

제가 항상 밤낮으로
매양 이 일 생각하고
부처님께 잃었는지 아닌지를
물잡고자 하였으며
제가 항상 세존께서
보살들을 칭찬하심
밤고서는 더욱 이 일
밤낮으로 여러모로 따졌거늘

※5

부처님의 음성 이제 듣자오니
상대 따라 설하신 법 번뇌 다해

부사의라(漏盡難思議) 중생들을
보리도량 이르도록 하시거늘
제가 본래 삿된 견해 집착하고
범지들의 외도스승 되었으나
세존께서 저의 마음 아시고서
열반 설해 삿됨 뽑아 주시올새
제가 삿된 견해 모두 없애고서
공(空)한 법을 증득(證得)하고
그 당시에 바로 멸도 얻었다고
스스로가 맘속으로 여겼건만
지금 와서 알고 보니
참된 멸도 아니도다.

만약 성불 할 적에는
삼십이상 구족하고
하늘·인간·야차들과

용왕들이 공경할 터
그때라야 길이길이 번뇌멸한
남음없는 열반이라 이르리니
여래께서 모든 대중 가운데서
저 역시도 성불한다 설하실새
이런 법음(法音) 듣자옵고
모든 의혹·회한들이 없나이다.

부처님의 설법 처음 듣자옵고
맘속으로 크게 놀라 의심하되
마왕파순 부처 탈을 쓰고서는
나의 마음 휘젓는가 하였다가
부처님의 가지가지 인연·비유
절묘(絶妙)하신 말씀 듣고
그 마음이 편안하기 바다 같아
의심했던 그 물방이 끊겼도다.

頌 8

여래(如來)께서 설(說)하시길
'과거세에 멸도하신 한량없는
부처님들 방편 속에 안주하셔
또한 모두 이런 법을 설하셨고
현재·미래 부처님들
그 수효가 한량없되
또한 온갖 방편으로
이런 법을 연설한다.' 하시나니
지금 우리 세존께서
탄생하여 출가하사
도를 얻고 진리수레 굴리시되
마찬가지 방편으로 설하실새
세존만이 진실한 도 설하시지
마왕파순 이럴 수가 없다는 걸
제가 이제 확실하게 알았거니

부처님의 탈을 쓴 게 아니건만
스스로가 의심하는 그물망에
떨어져서 마왕이라 여겼도다.
부처님의 부드러운 음성으로
심원(深遠)하고 미묘(微妙)하신
청정한 법 설하심을 듣자옵고
저의 마음 기쁨으로 가득하여
의심·회한 길이길이 끊겼사오니
참된 지혜 그 가운데 안주하고
저도 응당 성불(成佛)하여
하늘·인간 공경(恭敬) 받고
위 없는 진리수레 굴리면서
뭇 보살들 교화코자 하나이다.”

그때에 부처님께서 사리불에게 고하시길 :

"내가 이제 천상의 신들과 인간 그리고 사문과 바라문 등의 대중에게 설하노니, 내가 옛적에 일찍이 2만 억 부처님의 처소에서 위없는 도(無上道)를 위하여 항상 그대를 교화하였으며,

그대 역시 길고도 긴 어두운 밤(長夜) 나를 따라 배웠나니, 내가 방편으로 그대를 인도하였기에 나의 법(法) 가운데 나게 되었도다.

사리불아! 내가 옛적에 그대를 가르쳐서 불도에 뜻을 두어 서원을 세우도록 하였거늘, 지금의 그대는 모두 잊고 스스로가 이미 멸도를 얻었다고 여겼느니라.

내가 이제 그대에게 본래의 서원대로 수행하던 기억을 되살리기 위하여 모든 성문에게 이 대승 경전을 설하노니, 이름이 묘법연화경(妙法蓮華經)이라.

보살을 가르치는 법이며, 부처님들이 보살펴 두호(斗護)하시는 경이니라.

6.

사리불아! 그대는 미래 세상에 한량없고 끝이 없는 불가사의 겁이 지나도록, 수천만억의 부처님께 공양하고 정법(正法)을 받들어 지니면서, 보살이 행해야 할 도(道)를 빠짐없이 갖추고는 틀림없이 성불하리니, 명호는 화광(華光) 여래·응공·정변지·명행족·선서·세간해·무상사·조어장부·천인사·불세존이니라.

세계 이름은 이구(離垢)로서 그 땅은 평평하고 반듯하며, 청정하고 엄정하게 꾸며져서 안온하고 재물이 많아 즐거우며, 천상의 신들과 인간들이 불길처럼 번성하리라.

유리보배로 된 땅은 팔방으로 길이 뚫렸으며, 그 옆으로는 황금 줄로 경계를 그었으며, 그 옆에 칠보로 된 가로수가 즐비하게 늘어서서 언제나 꽃과 과일이 무성하리니, 화광여래 또한 삼승(三乘)으로 중생을 제도하리라.

7.

사리불아! 저 부처님 출현하신 때가 비록 오탁악세는 아니지만 본래의 서원대로 삼승법(三乘法)을 설하리니, 그 겁(劫)의 이름은 대보장엄(大寶莊嚴)이라. 어찌하여 이름이 대보장엄인고? 그 세계는 보살을 큰 보배로 삼기 때문이니라.

이 보살들이 한량없고 끝이 없는 불가사의 숫자여서 산수(算數)나 비유로는 도저히 미칠 수 없거니와, 부처님 지혜의 힘이 아니면 능히 알 수가 없느니라.

　만약에 걷고자 하면 보배 꽃이 발을 받드나니, 이 모든 보살들은 처음 발심한 이들이 아니고 오래전부터 덕의 씨앗을 심고, 한량없는 백천만억의 부처님 처소에서 청정범행(梵行)을 닦아 언제나 제불들의 칭찬을 받는 바라.

　항상 부처님의 지혜를 닦아 크나큰 신통력을 갖추고서, 일체 모든 법문을 잘도 알며, 숨김없이 정직하여 그 뜻과 생각이 견고한 이와 같은 보살들이 그 세계에 가득하리라.

　사리불아! 화광불의 수명이 12소겁(小劫)이거늘, 왕자로서 아직 부처가 되기 전은 제하나니, 그 세계 사람들의 수명은 8소겁이니라.

화광여래가 12소겁을 지나서 견만보살(堅滿菩薩)에게 '최상의 완전한 깨달음'의 기별(記別)을 주면서, 모든 비구들에게 고하기를 '이 견만보살이 다음에 틀림없이 성불하여 명호가 화족안행(華足安行) 다타아가도(如來)·아라하(應供)·삼먁삼불타(正遍知)라.' 하리니, 그 불국토도 또한 다시 이와 같으리라.

　사리불아! 이 화광불이 멸도한 뒤에 정법(正法)이 세상에 머무는 기간은 32소겁이며, 상법(像法)이 세상에 머무는 기간도 또한 32소겁이리라."

9.

　이어서 세존께서 거듭하여 이 뜻을 펴시고자 게송으로 이르시길:

　　　頌1

"사리불이 뒷세상에 성불하되
지혜롭고 존귀(尊貴)하여
화광(華光)이라 불리면서
한량없는 중생들을 제도하리.

많고 많은 부처님께 공양하고
보살행(菩薩行)과 열 가지 힘
모든 공덕(功德) 갖추고서
무상도(無上道)를 증득하여
무량겁(無量劫)이 지난 뒤에
겁의 이름 대보장엄(大寶莊嚴)
세계 이름 이구(離垢)나니
청정하여 흠 없으며
유리로써 땅이 되어
황금 줄로 경계 긋고
칠보로 된 가지각색 가로수에"

꽃과 과일 항상 있어 무성하리.

頌 3

① 이 국토(國土)의 모든 보살
뜻과 생각 언제든지 견고하고
신통력과 바라밀(波羅蜜)을
이미 전부(全部) 갖췄으며
② 많고 많은 부처님들 처소에서
보살도(菩薩道)를 잘 배우니
이와 같은 대사(大士)들을
화광불(華光佛)이 교화하리.

頌 4

① 그 부처님 왕자(王子)일 적
세상 영화·나라마저 다 버리고
윤회로는 마지막 몸(最末後身)
출가(出家)하여 성불(成佛)하니
② 화광불(華光佛)의 머무르는

그 수명은 열두 소겁
　　그 국토의 사람들은
　　여덟 소겁 수명이라.

　　그 부처님 멸도한 뒤
　　정법 세상 머물기는
　　서른둘의 소겁이니
　　두루널리 중생들을 제도하고
　　바른 법(正法)이 끝난 뒤에
　　상법 또한 서른둘의 소겁이라
　　사리(舍利) 널리 유포(流布)되어
　　하늘·인간 그 모두가 공양하리.

　　횃광불의 다가올 일
　　그 일 모두 이와 같아
　　양족존의 성스러운 그 부처님

출중하여 짝할 자가 없으리니
그가 바로 그대의 몸이니 마땅히 그대
기뻐하고 경하(慶賀)하라."

10.

그때에 네 부류의 대중인 비구·비구니·우바새·우바이와 천·용·야차와 건달바·아수라·가루라·긴나라·마후라가 등의 대중들은 사리불이 부처님 앞에서 '최상의 완전한 깨달음'의 기별 받는 것을 보고, 마음이 크게 기뻐 한량없이 뛰놀면서 저마다 걸쳤던 윗옷을 벗어 부처님께 공양하였으며,

석제환인과 범천왕들도 많고 많은 천자(天子)와 함께 역시나 하늘의 미묘한 옷과 하늘의 만다라꽃·마하만다라꽃들을 부처님께 공양하였나니.

즈음하여 흩뿌린 하늘의 옷이 허공 가운데 머물다가 스스로 회전하며, 모든 하늘의 백천만 가지 풍악이 공중에서 한꺼번에 울리더니, 온갖 하늘 꽃이 비 내리며 소리가 들리기를:
"부처님께서 예전에 녹야원(鹿野苑)에서 처음으로 법륜을 굴리시고, 이제 또다시 위없이도 가장 위대한 법륜을(無上最大法輪) 굴리시도다!"

이어서 모든 천자(天子)가 거듭하여 이 뜻을 펴고자 게송으로 사뢰기를:

"오라전에 바라나시 그곳에서
　사저법륜(四諦法輪) 굴리시어
　오온(五蘊)들이 생멸하는

모든 법을 분별하여 설하시고
② 이제 다시 가장 묘한 위가없는
　　큰 법륜을 굴리시니
　　이 법 깊고 오묘해서
　　믿을 자가 적나이다.

　　게2
① 저희들이 옛적부터
　　세존 말씀 자주자주 들었으나
　　이와 같은 깊고 묘한 최상의 법
　　아직까지 들어보지 못했는데
② 세존께서 이러한 법 설하시니
　　저희들도 함께 따라 기쁘오며
　　지혜 제일 사리불(舍利弗)이
　　이제 바로 귀한 기별 받자오니
③ 저희 또한 이와 같이
　　틀림없이 성불하여

이 세상에 위없이도
높고 높은 존귀한 자 되오리다.

부사의(不思議)한 불도라서
상대 따라 방편으로 설하시니
저희 지은 복된 업(福業)과
현재 혹은 과거세(過去世)에
부처님을 친견하고 쌓은 공덕
불도 안에 모두 회향 하옵니다."

그때에 사리불이 부처님께 사뢰기를:
"세존이시여! 제가 이제 다시는 의혹과 회한이 없사오니, 부처님 앞에서 친히 '최상의 완전한 깨달음'을 얻는다는 기별(記別)을 받았기 때문이옵니다.

그렇사오나 여기 천이백의 마음이 자재한 이들은 예전에 아직 배우는 자리에 머물 적에, 부처님께서 '나의 법은 생·노·병·사를 능히 여의고 필경에는 열반에 이르리라.'고 항상 가르쳐 말씀하셨기에,

그리고 아직 배우는 자와 배울 게 없는 자들도 또한 저마다가 나라는 견해(我見)와 있다·없다는 견해(有無見)들을 여의고서 열반을 얻었다고 자처하다가, 지금 세존 앞에서 아직까지 들어보지 못한 말씀을 듣자옵고 모두가 의혹에 빠졌나이다.

거룩하신 세존이시여! 원하옵건대 사부대중을 위하시사, 그 인연을 설하시어 의혹과 회한을 여의도록 하옵소서!"

바로 그때 부처님께서 사리불에게 이르시길:
"내가 앞서, 제불세존께서 가지가지 인연과 비유와 언사들의 방편으로 설법하는 것은 모두가 다 '최상의 완전한 깨달음'을 위하는 것이라고 말하지 않았느뇨? 이 모든 설법이 다 보살을 교화하기 위한 까닭이니라.

하지만 사리불아! 이제 다시 마땅히 비유를 들어 이 뜻을 환히 밝히고자 하니, 지혜로운 자들은 비유로써 충분히 이해할 수 있으리니.

14.

사리불아! 어떤 나라의 도시에 나이 많은 늙은 큰 장자(長者)가 있었는데, 재산이 한량없고 논밭과 집들 그리고 하인들이 많았느니라.

그의 집이 크고 넓었으나 문은 오직 하나뿐

이고, 사람들이 많아서 1, 2백 때로는 5백 명이 그 속에 살았거늘, 집과 누각이 오래되어 낡았으며, 담과 벽은 무너져 떨어졌고, 기둥뿌리도 썩었으며, 대들보는 기울어 위태롭더니, 어느 날 주위 사방에서 일시에 홀연히 화재가 발생하여 집을 태우고 있었거니와, 장자의 여러 아들들이 열 또는 스물, 혹은 서른 명이 이 집 안에 있었느니라.

13.

장자가 사방에서 큰 불이 일어나는 것을 보자 깜짝 놀라고 두려워서 생각하기를,
'나는 비록 능히 이 불타는 집에서 문으로 안전하게 나올 수 있었으나, 여러 아들들은 불타는 집안에서 즐겁게 장난치고 노는데 빠져, 깨닫지도 알지도 못하고, 놀라지도 두

려워하지도 않으며, 곧바로 불이 몸을 덮쳐 그 고통이 절박한데도, 싫어하거나 걱정하지 아니하고 나올 생각도 않는구나.' 하였다가 사리불아!

이 장자가 또 생각하기를 '나의 몸과 손에 힘이 충분하니, 옷을 담는 함이나 궤짝으로 마땅히 집에서 구출하리라.' 하다가 다시 생각하기를,

'이 집은 오직 문이 하나뿐이고 더군다나 협소한데, 아들들이 어려서 아무것도 모른 채 장난에만 빠져 있으니, 혹시라도 떨어지면 불에 타리라.

차라리 내가 불난 집의 무서움을 알려주고 이미 이 집이 불타고 있으니, 빨리 벗어나야 불의 피해를 입지 않는다고 말하리라.'

이와 같이 생각하고 나서 아들들에게 속히

벗어나라고 외쳤나니.

　아버지가 비록 안타까워 좋은 말로 어르고 달랬지만, 아들들은 장난치며 노는데 빠져, 믿지도 놀라지도 무서워하지도 않고 도무지 나올 마음조차 없었느니라.

　오히려 불이 무엇인지, 집이 무엇인지, 무엇이 잘못된 지도 모른 채, 오직 동서(東西)로 왔다 갔다 놀면서 아버지를 쳐다만 볼 뿐이더라.

　그때에 장자가 곧바로 생각하기를 '이 집은 이미 큰불에 휩싸여 타고 있거늘, 나의 아들들이 때맞춰 나오지 않는다면 반드시 불에 타리니, 내가 이제 마땅히 방편을 베풀어 아이들이 이 재난에서 벗어나도록 하리라.'

　그리하여 아버지는 예전부터 아들들이 저마

다 좋아하는 가지가지 진귀(珍貴)하고 기이한 장난감을 알고 있기에, 그것이면 반드시 재미를 붙이리라 생각하고 고하기를,

'너희들이 정말로 좋아할 만한 이 장난감은 드물어서 얻기 힘든 것이니, 만약에 지금 갖지 않는다면 나중에 반드시 후회할 것이다. 지금 문밖에 가지가지 양의 수레(羊車)와 사슴 수레(鹿車)와 소의 수레(牛車)가 있으니, 가지고 놀만 하리라. 너희들은 이 불타는 집에서 빨리 나오도록 하라. 갖고 싶은 대로 너희들에게 모두 다 줄 것이다.'고 하였느니라.

그때에 아들들이 아버지의 말을 듣고 마침 원하던 진귀한 장난감이지라, 저마다 슬한 마음으로 서로서로 밀치고 경쟁하여 차례로며,

비유품 제3

앞다퉈 불타는 집에서 나왔으니.

　이때 장자가 모든 아들이 안전하게 나와서, 모두가 네거리 길 가운데 맨땅에 앉아 다시는 장애가 없는 걸 보고, 그 마음이 태연해져 뛸 듯이 기뻤느니라.

　즈음하여 어린 아들들이 저마다 아버지에게 사뢰기를,

　'아버지께서 조금 전에 주시겠다던 양의 수레(羊車)와 사슴 수레(鹿車)와 소의 수레(牛車)를 원하옵건대 곧바로 주옵소서.' 하였느니라.

18.

　사리불아! 그때에 장자가 아들들에게 평등하게 하나의 큰 수레를 골고루 나누어 주니, (車譬一乘, 牛譬大根)

그 수레가 높고도 넓어서 (高出三乘, 廣攝九部)

여러 가지 보배로 꾸몄으며, (衆寶譬萬行)

주위로는 가로세로 난간을 두르고, (總持)

사방에는 방울이 달렸더라. (四辯之下化)

또한 그 위에는 휘장을 쳤는데 (慈悲之普覆)

역시나 진기한 가지가지 보배로 (來善)

엄정하게 꾸몄으며, (成嚴也)

보배 줄로 얽었고,

온갖 꽃과 영락을 드리웠으며,

곱고 고운 자리를 겹겹이 펴서 깔고

그 위에 붉은 베개가 놓여 있었느니라.

그리고 하얀 소에 멍에를 메웠는데,

피부색이 매우 깨끗하고

몸매가 근사했으며, (全其所賦, 而無惡也)
힘도 매우 세고 (堪任大事)
걸음걸이는 반듯하고 (允蹈大方)
바람같이 빨랐으며, (一念頃達)
또한 많은 하인들이 (方便利生)
호위하였나니, (助道之事) 어인 까닭인고?

저 큰 장자가 재산이 한량이 없어서 가지가지 창고들마다 가득 찰 정도로 부자였기 때문이며, 그뿐만 아니라 장자가 '나의 재물이 매우 많고도 많거늘 아들들에게 변변찮은 조그마한 수레를 줄 수는 없도다. 지금의 이 어린 것들은 모두가 다 나의 아들이거늘, 어찌 편애하겠는가?

나에게 이와 같은 칠보로 된 커다란 수레가 있어 그 숫자가 한량이 없으니, 응당히 평등한 마음으로 차별없이 각자에게 전부 다 주리라.

왜냐하면 나의 이 재물은 나라 전체에 두루 나눠주고도 오히려 남을 것인데, 하물며 자식들이랴?'고 생각하였기 때문이니라.

이때 아들들이 저마다 큰 수레를 타고 미증유를 얻었으니, 본래의 소망은 아니었느니라.

사리불아! 그대의 생각은 어떠한고? 이 장자가 모든 아들에게 진귀하고 커다란 보배 수레를 골고루 나누어 준 것이 장녕 허망하다 하겠느뇨?"

사리불이 사뢰기를

"아니옵니다, 세존이시여! 이 장자가 아들들에게 화재를 면하도록 하여 목숨을 온전히 건진 것만도 허망하지 않사외다.

왜냐하오면 장자의 방편이 있었기에 저

불타는 집에서 구제받았거니와, 하물며 다시 좋은 장난감을 얻음이오리까?

 세존이시여! 만약에 이 장자가 아주 작은 하나의 수레나마 주지 않았더라도 도리어 허망하지 않으리니, 왜냐하오면 애당초 이 장자의 생각은 '내가 방편으로 아들을 밖으로 나오게 하리라.' 하였기 때문이옵니다.

 이러한 인연으로 결코 허망하지 않나니, 하물며 장자가 스스로 재산이 한량없이 많은 걸 알고서, 모든 아들에게 넉넉히 이익을 주기 위해 커다란 수레를 골고루 줌이겠나이까?"

20.

 부처님께서 사리불에게 고하시길 :
"훌륭하고도 훌륭하구나. 그대의 말과 같으니, 사리불아! 여래도 또한 다시 이와 같아서

바로 일체 세간의 아버지가 되느니라.

　여래는 온갖 두려움과 쇠약함과 고뇌와 근심・걱정 그리고 무명(無明)으로 가려진 어둠을 영원히 다 없애 조금치도 남아있지 않으며, 한량없는 지견(知見)과 열 가지 힘과 두려움 없음을 모두 성취했으며, 위대한 신통력과 지혜의 힘이 있으며, 방편바라밀과 지혜바라밀을 빠짐없이 갖췄으며, 대자대비로 항상 게으르거나 피곤해하지 않고, 언제나 좋은 일을 찾아 일체중생을 이롭게 하나니,

　삼계(三界)의 낡고 썩은 불타는 집에 태어나 중생들의 생・노・병・사(生老病死)와 우・비・고・뇌(憂悲苦惱)와 어리석음으로 가려진, 삼독(三毒)의 불에서 그들을 교화시켜 '아뇩다라삼먁삼보리'를 얻게 하느니라.

21.

　내가 중생들을 보아하니 생·노·병·사와 우·비·고·뇌(憂悲苦惱)로 불타고 있으며, 또한 오욕(五欲)과 재물과 이익 때문에 가지가지 고통을 받으며, 또다시 탐착하고 구하느라 살아생전에 온갖 고통을 당하거니와,

　죽어서는 지옥·아귀·축생의 고통을 초래하고, 혹은 천상에 태어나거나 인간에 있을지라도 가난하여 궁색함에 시달리고,

　사랑하는 사람과 이별하는 고통(愛別離苦)·미워하는 사람과 만나야 하는 고통(怨憎會苦) 등등 이와 같은 가지가지 온갖 괴로움에 중생들이 그 속에 빠져 달갑게 즐기되, 깨닫지도 알지도 놀라지도 두려워하지도 않으며,

　역시나 싫어하지도 벗어날 생각도 아니하고, 이 삼계(三界)라는 불타는 집에서 동분서

주 헐떡이면서, 극심한 고통이 닥쳐도 전혀 근심하지 않느니라.

22.

사리불아! 부처님이 이를 보고 생각하기를 '나는 중생들의 아버지로서 마땅히 이런 고난을 뿌리째 뽑아주고, 한량없고 끝이 없는 부처님 지혜(佛智慧)의 즐거움을 주어, 그 속에서 노닐게 하리라.' 하였다가, 사리불아! 여래가 다시 생각하기를,

'만약에 내가 방편을 버리고 신통력과 지혜의 힘만으로 모든 중생을 위한답시고 여래의 지견과 열 가지 힘과 두려움 없음(無所畏)을 찬탄한다면, 중생은 결코 제도받지 못하리라.' 하였나니, 어인 까닭인고?

이 모든 중생들은 생·노·병·사와 우·비·

고·뇌(憂悲苦惱)를 아직 면하지 못하고서 삼계라는 불난 집이 타고 있거늘, 무슨 수로 능히 부처님의 지혜를 이해할 수 있겠느뇨?

23.

사리불아! 저 장자가 몸과 손에 비록 힘이 충분할지라도 사용하지 아니하고, 오직 은근히 방편으로 모든 아들을 불타는 집에서 나오게 한 뒤에 각자에게 커다랗고 진귀한 보배 수레를 주었듯이,

여래도 또한 다시 이와 같아 비록 십력(十力)과 무소외(無所畏) 등이 있으나 사용하지 아니하고, 오직 지혜와 방편으로 삼계라는 불타는 집에서 중생을 구제하기 위하여 삼승인 성문과 벽지불과 불승(佛乘)을 설하고자 이르기를,

'그대들은 삼계라는 불타는 집에 머물러서

즐기지 말 것이며, 거칠고 폐단 많은 형체나 소리·냄새·맛과 촉감에 탐닉하지도 말지어다.

만약에 탐내고 애착하면 곧바로 불에 타게 되나니, 그대들은 속히 삼계를 벗어나서 마땅히 삼승인 성문과 벽지불과 불승(佛乘)을 얻도록 하라.

내가 이제 그대들을 위하여 이 일을 책임지고 약속하노니, 결코 허망하지 않느니라. 그대들은 오직 부지런히 수행 정진할지어다.'

여래가 이렇게 방편으로 중생을 권유해서 나오게 한 뒤에 다시 이르기를,

'그대들은 분명히 알지어다. 이 삼승의 차로 참으로(三乘) 모든 성인들이 다 칭찬하는 바로, 자재하여 속박도 없으며 의지하여 구할 것이 없느니라.

이 세 가지 수레를 타기만 하면 번뇌가 없는 5근(根)·5력(力)·7각지(覺支)·8정도(正道)와 선정·해탈·삼매 등을 스스로 즐길 수 있을 것이며, 바로 한량없는 안온한 쾌락을 얻으리라.'고 하나니.

24.

사리불아! 만약에 어떤 중생이 안으로는 성품이 지혜로워 불세존의 법문을 듣고서, 믿고 받아들여 꾸준히 정진하면서 삼계를 속히 벗어나고자 스스로 열반을 구한다면, 이는 성문승(聲聞乘)이라 부르나니 양의 수레를 구하러 불타는 집에서 나오는 저 아들들과 같으니라.

만약에 어떤 중생이 불세존의 법문을 듣고서, 믿고 받아들여 꾸준히 정진하면서 스스로 자연의 지혜(自然慧)를 구하고자 홀로 고요(獨寂)를 즐기면서 모든 법의 인연을 깊이 안다면, 이는 벽지불승(辟支佛乘)이라 부르나니 사슴 수레를 구하러 불타는 집에서 나오는 저 아들들과 같으니라.

만약에 어떤 중생이 불세존의 법문을 듣고서, 믿고 받아들여 부지런히 정진(精進)하면서 일체지(一切智)와 불지(佛智)와 자연의 지혜(自然智)와 스승 없이 얻는 지혜(無師智)와 여래지견과 십력과 무소외를 구하면서, 한량없는 중생들을 가엾이 여겨 안락토록 하며, 하늘과 인간을 이롭게 하고 일체중생을 제도하고자 한다면, 이는 대승보살(大乘菩薩)이라 부르느니라.

이러한 대승을 구하기 때문에 마하살(摩訶薩)이라 부르나니, 소의 수레를 구하러 불타는 집에서 나오는 저 아들들과 같으니라.

25.

사리불아! 저 장자가 아들들이 불타는 집에서 나와 안온히 두려움 없는 곳에 도달한 것을 보고, 자기의 재산이 한량없음을 생각하고 커다란 수레를 골고루 아들들에게 주었듯이, 여래도 또한 다시 이와 같아 일체중생의 아버지가 되나니.

만약에 한량없는 억천의 중생들이 불법(佛法)의 문을 통해 삼계의 괴로움과 두렵고 험난한 길에서 벗어나, 열반의 즐거움(涅槃樂) 얻는 것을 보면 여래가 바로 생각하기를,

'나에게는 한량없고 끝이 없는 지혜와 십력과 무소외 등 제불의 법장(法藏)이 있는데, 이 모든 중생들은 전부가 나의 아들이니 평등하

게 커다란 수레(大乘)를 줄 것이다.
 어느 누구라도 혼자서만 멸도를 얻게 하지 아니하고, 모두가 여래의 멸도인 진정한 멸도에 들게 하리라.' 하고,
 삼계를 벗어난 이 모든 중생들에게 제불의 선정과 해탈 등의 장난감을 주나니, 전부가 다 한 모습 한 종류[一相一種]로서 성인들의 찬탄하는 바이며, 능히 깨끗하고 미묘한 으뜸의 즐거움을 낳느니라.

 사리불이! 저 장자가 처음에는 세 가지 수레로 아들들을 권유해서 인도한 연후에, 오직 보물로 장엄한 안온하기 그지없는 커다란 수레를 준 것이 저 장자에게 허망한 허물이 없듯이,

여래도 또한 다시 이와 같아서 허망하지 않나니 처음에는 삼승을 설하여 중생을 인도한 연후에, 오직 대승(大乘)으로 제도하여 해탈시키나니, 어인 까닭인고?

여래가 한량없는 지혜와 십력과 무소외 등 모든 법의 창고(法藏)가 있어서 능히 일체중생에게 대승의 법을 줄 수도 있겠지만, 다만 능히 다 받아들일 수 없기 때문이니라.

사리불아! 이러한 인연으로 제불께서 방편의 힘으로 일불승(一佛乘)을 셋으로 분별하여 설한다는 것을 분명히 알지어다."

27.
부처님께서 거듭하여 이 뜻을 펴시고자 게송으로 이르시길:

頌]

① "비유컨대 어떤 장자
크나큰 집 있었으니
그 집 낡고 오래되어
이젠 다시 쓰러질 듯
② 크고 작은 집채들은 위험하며
대들보는 기울었고
기둥뿌리 썩어 들며
축대·섬돌 훼손되어 무너졌고
벽과 담은 허물어져 뚫렸으며
발랐던 흙 떨어지고 덮은 이엉
어지러이 떨어지며 서까래와
처마마저 어긋나서 떨어졌고
③ 두루 막힌 골목에는
잡된 오물 가득한데
그 가운데 5백 명이
머물면서 모여 사네.

頌 2

① 올빼미와 독수리와
비둘기와 까막까치
그리마들(蚰蜒)
독사들과 지네·전갈
② 도마뱀과 노래기와
족제비와 살쾡이와 생쥐들과
온갖 나쁜 벌레들이
이리저리 치달리고
③ 똥오줌 내 나는 곳에
더러운 것 흘러넘쳐
쇠똥구리·사마귀 등 온갖 벌레
모여들어 올라타서 우글대며
④ 여우·이리·승냥이(野干)가
죽은 시체 씹어 뜯고 짓밟으며
이리 물고 저리 뜯어

뼈와 살이 낭자하니
주려 여윈 개떼들이
다퉈 와서 잡아 뜯고
허겁지겁 곳곳마다
먹을 것을 구하면서
서로 다퉈 잡아끌고
물어뜯고 짖어대니
그 집안이 두렵고도 무서워서
으스스한 분위기가 이렇더라.

여기저기 곳곳마다
온갖 종류 도깨비와
야차·악귀 있어서는
사람 살을 씹어 먹고
독충들의 무리들과
온갖 악한 짐승들이

알을 품어 새끼 쳐서 저마다가
숨겨놓고 보호하나
야차들이 다퉈 와서
쟁취하여 잡아먹고
먹고 나서 배부르면
악한 마음 점점 거세
싸우면서 내는 소리
가히 정말 소름 돋네.
사람 정기 빨아먹는 구반다귀
흙더미에 걸터앉아
이따금씩 땅 위에서
한 자 두 자 솟아 뛰고
왔다 갔다 노닐면서
제멋대로 장난치며
개의 두 발 메어쳐서
소리마저 잃게 하고

발로 목을 누르면서
겁먹은 개 손뼉 치며 즐기도다.

다시 어떤 귀신들은
그 몸뚱이 길고 큰데
발가벗고 검고 여윈 모습으로
그 집에서 눌러 살며
큰 소리로 악을 쓰되
절규하며 먹이 찾고
다시 어떤 귀신들은
목구멍이 바늘 같고
다시 어떤 귀신들은
머리통이 소와 같되
사람 살을 뜯어 먹고
혹은 다시 개고기를 먹어대니
머리칼은 헝클어져

잔인하고 흉악하되
굶주림과 목마름에
정신없이 울부짖고 치달리네.

頌5

야차들과 아귀들과
온갖 악한 새 짐승들
굶주림에 급급하여 사방으로
기웃기웃 문틈새로 엿보나니
이와 같은 모든 환난(患難)
두렵고도 무서움이 한량없네.

頌6

이런 썩고 낡은 집이
어떤 사람 소유더니
가까이에 외출한 지
얼마 되지 아니하여
크고 작은 그 집 뒤에

갑작스레 불이 나서
사방으로 한꺼번에
불꽃 활활 타오르니
대들보와 서까래와 기둥들이
튀는 소리 흔들리고 갈라져서
꺾어지고 떨어지며
장벽마저 무너지니
온갖 귀신(鬼神)
소리소리 울부짖고
독수리와 온갖 새와
구반다의 귀신들은
두렵고도 무서워서
스스로가 나오지를 못하더라.

악한 짐승·독충들이
구멍 찾아 숨어들고

비사사란 귀신들도
또한 안에 살더니만
복덕 엷은 까닭으로
불의 핍박 받아서는 서로서로
잔인하게 해치면서
피 마시고 살을 씹고
승냥이의 무리들은
이미 벌써 죽었거늘
크고 모진 모든 짐승
다퉈 와서 씹어 먹고
타는 냄새 자욱하여
사방으로 가득하네.

지네들과 그리마와
독사(毒蛇) 무리
불에 탄 채 구멍에서

앞다퉈서 나오거늘
구반다의 귀신들이
보는 대로 잡아먹고

또한 모든 아귀들은
머리 위에 불이 붙고
배고프고 갈증 난 채
고통스레 황급하게 치달리니

불난 그 집 이와 같아 가히 엄청
두렵고도 무섭거늘
독한 피해 화재까지
온갖 환난 한두 가지 아니더라.

그중 집의 집 주인이
대문 밖에 서 있는데

어떤 사람 이르기를
　'그대 여러 아들들이
　　장난 매우 좋아하여
　　이 집 안에 들어가서
　　어리고도 철이 없어
　　노는 데만 정신 팔려 있더이다.'
　　장자 이 말 듣고 나서 깜짝 놀라
　　불타는 집 뛰어들어
　　당연하게 구제해서
　　불난 피해 없애려고
　　여러 아들 달래어서
　　온갖 환난 설명하되
　'악귀들과 독벌레와
　　불길까지 번졌으니
　　온갖 고난 차례차례
　　끊임없이 이어질 터

독사(毒蛇)·전갈
야차(夜叉)들과
구반다의 귀신들과
여우·들개·승냥이와
노래기들(百足之屬)
독수리와 올빼미가
굶주리고 목이 말라
다급하게 허덕인 꼴 무섭거늘
이런 고통 난리 속에 더군다나
큰불까지 났음이라!' 하건마는

여러 아들 철이 없어
아버지의 타이름을
듣고서도 노는 데만 재미 붙여
즐기면서 그치지를 아니할새

이때 장자(長者)
생각하길 '여러 아들
이러하니 나의 근심
고뇌 더욱 심하도다.
지금 이 집 즐길 것이
아무것도 없건마는
아들들이 노는 데만
정신(精神) 팔려
나의 말은 안 들으니
장차 불에 타리로다.'
이런 생각 마치고는
바로 즉시 좋은 방편 마련하여
애들에게 고하기를
'나에게는 가지가지
보배로운 장난감과 묘하고도
아주 좋은 보배 수레 있거니와

지금 바로 문밖에는
양의 수레·사슴 수레
소의 수레 놓였으니
너희 어서 나오너라.
내가 너희 위하여서
이런 수레 마련했다.
마음대로 고르고서
실컷 즐겨 노닐어라.'

모든 아들 이런 수레
있단 말을 듣고서는
바로 즉시 앞다투어
손살같이 뛰쳐나와
안전한 곳 이르러서
온갖 고난 벗어날새
저 장자가 아들들이

불타는 집 벗어난 뒤
네 거리에 머물 보고
사자좌에 앉아서는
스스로가 경하하여 이르기를
'내가 이제 즐겁도다.
나의 이런 아들들이
키우기도 어렵더니
어리석고 철이 없어
험한 집에 들어가서
많고 많은 독충들과
도깨비도 두렵거늘
더욱이나 맹렬하고
거센 불길 사방에서 치솟건만
자식들은 노는 데만 정신 팔려
즐기는걸 내가 이미
구출하여 환난에서

벗어나게 하였으니
이러할새 사람들아!
이젠 정말 즐겁도다.'
바로 그때 아들들이
편안하게 앉아 있는
아버지께 나아가서
모두가 다 사뢰기를
'앞서 말씀 하시기를
저희들이 나온다면
세 가지의 보배 수레
뜻에 따라 주신다고 하셨거늘
지금 바로 그때거니
원하건대 저희에게
세 가지의 보배 수레
어서 속히 주옵소서!'

㉠ 큰 부자인 그 장자가
 창고마다 많고 많은
 자거(車磲)·마노(馬腦)
 금과 은과 유리보배
㉡ 여러 가지 보배들로
 큰 수레를 만들어서
 엄정하게 꾸몄는데
 주변에는 가로세로 난간이다
㉢ 사방으로 방울 달고
 황금 줄로 얽어매고
 진주로 된 그물망을
 장막처럼 위에 덮고
㉣ 금빛 꽃과 영락들을
 곳곳마다 드리우고
 가지가지 채색으로
 두루두루 에워싸고

부드러운 비단과 솜
자리(茵蓐) 깔고
천냥억냥 값나가는
아주 희고 정결하여
최고급(最高級)인
묘한 천을 위에 덮고
기름지고 힘도 세며
몸매마저 아주 좋은
크고도 큰 하얀 소로
보배 수레 멍에 하고
많고 많은 하인들이
호위하고 서 있더라.
이와 같은 묘한 수레
모든 아들 고루고루 나눠 주니
즐음하여 아들들이
뛰놀듯이 기뻐하며

⑧ 보배 수레 올라타고
　사방으로 다니면서
　즐겁게도 노는 것이
　자유자재 걸림 없네.

　　　頌 16

① 고하노니 사리불아!
　나 역시도 이와 같아
　성인 중에 가장 높아
　이 세상의 아버지라
② 일체 모든 중생들은
　전부 나의 아들인데
　지혜론 맘 있지 않아
　세상살이 즐거움에 빠져서는
③ 삼계 안의 불안함이
　불난 집과 같아서는
　온갖 괴롬 가득하여 정녕 엄청

무섭고도 두려우며
생로병사(生老病死)
근심·걱정 항상있어
이와 같은 불길들이
맹렬하여 그치지를 아니하네.

여래 이미 삼계라는 불난 집을
벗어나서 고요하고
한가로이 임야에서
편안하게 지내거니
지금의 이 삼계까지
전부가 다 내 것이며
그 가운데 모든 중생
이마저도 전부 나의 아들딸들!
지금 이곳
온갖 환난 많거니와

오직 내가 아니라면
누가 능히 구호하랴!
비록 다시 타이르고
가르치나 불신하고
안 들으니 온갖 욕망 찌들어서
매우 깊게 탐착하기 때문이라
그렇기에 방편으로
삼승의 법 설하여서
일체 모든 중생들이
삼계 고통 알게 하고
출세간의 길을 설해
열어젖혀 보이거늘
나의 모든 아들딸들
만약 마음 결정하면
세 가지의 밝음이니(三明)
육신통을 구족하여

연각이나 불퇴전의
보살 경지 얻으리라.

※18

사리불 등 그대들아!
내가 중생 위하여서
이와 같은 비유로써
일불승을 설하노니
그대들이 능히 이 말
믿고 받아 지닌다면
모두가 다 틀림없이
성불(成佛)하리라.
일불승은 미묘하고
청정하기 으뜸이라
일체 모든 세간에서
더 이상은 없느니라.
부처님도 흡족해서 기뻐하고

일체 모든 중생들이
마땅히도 찬탄하고
공양하며 예경하리.
⑤ 한량(限量)없는
억천 가지 모든 힘과
해탈·선정·지혜들과
부처님의 또 다른 법
이와 같은 일승으로
얻게 되면 아들딸들
밤낮으로 오랜 겁이 지나도록
항상 기뻐 노닐도록 할것이며
여러 많은 보살들과
성문 대중 모두 함께
보배 수레 탑승하여
바로 도량 이르리라.
⑧ 이와 같은 인연으로

시방세계 곳곳 뒤져
찾더라도 다른 수레 없거니와
부처님의 방편만은 제외니라.

고하노니 사리불아!
그대들은 모두 나의
아들딸들 나는 바로
그대들의 아버지라.
그대들이 누대(累代) 겁을
가지가지 고통으로 물러치늘
내가 모두 제도(濟度)하여
삼계에서 벗어나게 하느니라.

내가 비록 예전에는 그대들이
멸도했다 말했으나
생사만을 다했을 뿐

참된 말도 아니나니
　　　지금 응당 해야 할 일
　　　오직 부처 지혜만을 구할지라.
　　② 만약 어떤 보살 있어
　　　여기 대중 가운데서
　　　능히 모든 부처님의
　　　참된 법을 일심으로 듣는다면
　　③ 제불세존(諸佛世尊)
　　　비록 방편 쓰시지만
　　　교화받는 중생들은
　　　그 모두가 보살이라.
　　　　비고
　　④ 뉘 있어서 지혜 적어
　　　애욕 속에 깊이 빠져
　　　집착하면 이 사람들 위하여서
　　　고의 진리(苦諦) 설하거늘

중생 마음 기뻐하며
미증유를 얻게 되니
부처님이 설하였던
고의 진리 진실하여 틀림없네.
만약 어떤 중생(衆生) 있어
고의 근본 모르고서
고의 원인 집착하여
잠시라도 못 버리면
이 사람들 위하여서
방편으로 도의 진리(道諦) 설하나니
모든 고의 그 원인은
탐욕심이 근본이라
만약 탐욕 없앴다면
기댈 곳이 없으리니
모든 고가 사라진걸
세 번째의 멸제(滅諦)라고 부르니라.

멸의 진리(滅諦) 얻기 위해
팔정도(八正道)를 수행하니(道諦)
모든 고의 속박에서 벗어나면
해탈이라 부르거늘
이 사람이 무엇에서
바로 해탈 얻었느뇨?
오직 허망 여읜 것을
해탈(解脫)이라 불렀을 뿐
실제로는 일체 모든 속박에서
해탈한 것 아니기에
내가 일러 이 사람은
참된 멸도 아니라고 했느니라.
이 사람이 무상도(無上道)를
아직 얻지 못했으며
나의 뜻도 그런 멸도
얻게 함이 아니나니

나는 법의 왕인지라
모든 법에 자재하여
중생들을 안온하게 해주려고
이 세상에 나왔도다.

사리불 등 그대들아!
나의 이런 법의 도장(法印)
온 세상에 이익 주려
설하거늘 이곳저곳 다니면서
망령되이 선전하지 말지어다.
뉘 있어서 듣고 기뻐
정수리에 받든다면
이 사람은 물러짐이
보살(不退轉)임을 응당 알라.
뉘 있어서 이 경전의 가르침을
믿고 받아 지닌다면

이 사람은 일찍이도
과거불을 친견하고
공경·공양 하였으며
또한 이 법 들었었기 때문이라.
뒤 있어서
그대 말을 믿는다면
바로 나를 보는 거며
또한 능히 사리불과
비구승려·모든 보살
보는 것과 같으니라.
법화경은 깊은 지혜
지닌 자를 위하여서 설하건만
얕은 식견 지닌 자는 들더라도
미혹하여 이해하지 못하리니
모든 성문(聲聞)
벽지불(辟支佛)도

이 경에는 그 능력이
미치지를 못하니라.
사리불인 그대마저
이 경전에 이제 겨우
믿음으로 들어와서 얻었거늘
더욱이나 나머지의 성문이랴!
그 나머지 성문들도
부처님 말 신뢰하여
이 경전을 수순할 뿐
자신들의 지혜 몫이 아니니라.

또한 다시 사리불이!
교만하고 게으르며
나란 견해 내세우는 사람에게
이 경전을 일담하지 말지어라.
식견(識見) 얕은 범부(凡夫)들도

오욕(五欲) 속에 깊이 빠져
듣더라도 능히 알지 못하리니
역시 또한 연설하지 말지어다.

頌 24

① 뉘 있어서 불신하고
이 경전을 훼방하면
일체 세간(一切世間)
부처 종자 끊는 거며
② 혹은 다시 빈축하며
의혹마저 품는다면
이 사람의 죄의 과보
설하리니 그대 응당 들을지라.
③ 만약 여래(如來)
이 세상에 있다든지
멸도한 그 뒤에라도
이 경전을 비방커나

① 법화경을 독송하고
　　베껴 쓰고 지니는 자 보고서는
　　경시하고 능멸하며 미워하고
　　질투하여 원한마저 품는다면
　　이 사람의 죄(罪)의 과보(果報)
　　그대 이제 다시 새겨 들어보라.

　　이 사람은 죽고 나서
　　아비지옥 떨어져서
　　一겁 모두 채우고도
　　거듭거듭 태어나되
　　이와 같이 되풀이해
　　무수겁에 이르리니
　　지옥에서 나와서는
　　승냥이나 개와 같은
　　축생으로 태어나되

그 모습이 광대뼈가
여위었고 칙칙하고 비루먹어
그 누구도 접촉하기 꺼려하며
또한 다시 사람한테
미움받고 천대받아
늘 기갈에 시달려서
뼈와 살이 앙상하고
살아서는 잦은 고초 다 겪으며
죽어서는 돌무덤에 묻히리니
부처 종자(種子) 끊은 죄로
이런 죄보(罪報) 받느니라.
혹은 낙타
나귀 되어
무거운 짐 항상 지고
채찍이나 매를 맞되
애오라지 물과 풀만 생각할 뿐

다른 것은 모르나니
이 경전을 비방하면
이런 죄를 받느니라.
승냥이로 태어나도
그 몸 또한 비루먹고
한 눈마저 없어서는
마을 안에 들어가면
아이들이 매나 돌로
후려치고 던져서는
숱한 고통 다 받다가
어떨 때는 죽게 되니
죽은 뒤엔
구렁이 몸 다시 받아
그 모습이 길고 커서
오백 유순(由旬)이
귀는 먹고 미련하며 발도 없어

꿈틀꿈틀 배로 기어 다니다가
온갖 작은 벌레에게
쪼아 씹혀 먹히면서
밤낮으로 받는 고통
쉴 사이가 없으리니
이 경전을 비방하면
이런 죄를 받느니라.

사람으로 태어나도
모든 근이 어리석고 우둔하며
난쟁이나 앉은뱅이·팔이 휘고
눈·귀먹고 등은 굽어
무슨 말을 할지라도
믿어주지 아니하며
입은 항상 악취 풍겨
귀신들이 달라붙고

빈궁하고 비천하여
사람들의 부림 받고
병이 많고 야위어도
의지할 데 전혀 없고
친해지려 접근해도
상대방은 뜻이 없고
혹시 소득 있더라도
금방 다시 잃게 되고
의술 닦아 처방대로
병을 치료 할지라도
다른 병만 늘어나고
심한 경우 죽기까지
만약 본일 병이 나도
치료해줄 사람 없고
좋은 약을 먹더라도
병만 더욱 극심하고

㉠ 다른 사람 반역죄나
　노략질과 절도 등의
　이 같은 죄 억울하게
　누명 써서 당하리라.

㉡ 이런 죄인 길이길이
　여래 볼 수 없으리니
　성인 중의 성인께서
　설법하여 교화해도
㉢ 이런 죄인 매번 항상
　도 닦기가 곤란하게 태어나고
　미치거나 귀먹거나 심란하여
　길이길이 불법 듣지 못할 거며
㉣ 갠지스강 모래 수의
　많고 많은 겁 동안을
　날 적마다 말 못하고 귀가 먹고

모든 근이 불구되며
　　　항상 지옥 들어가길
　　　유원지를 구경하듯
　　　다른 악도 가는 것도
　　　자기 집을 드나들 듯
　　　낙타·나귀·돼지·개의 축생계가
　　　그 사람이 태어날 곳!
　　　이 경전을 비방하면
　　　이런 죄를 받느니라.
　　　사람으로 태어나도
　　　눈 멀고 말 못하고
　　　빈궁하고 온갖 쇠한 모습으로
　　　스스로를 장엄하며
　　　수기 맞고 소갈증과
　　　나병이나 악성 종기
　　　이와 같은 질병으로

의복(衣服) 삼고
⑧ 몸은 항상 악취 나고
　　때가 많아 더러우며
　　나란 견해 집착 심해
　　걸핏하면 화만 내고
⑨ 음탕한 맘 치성하여
　　짐승마저 안 가리니
　　이 경전을 비방하면
　　이런 죄를 받느니라.

① 고하노니 사리불아!
　　이 경전을 비방한 자
　　죄 받는 걸 설한다면
　　겁 지나도 못다 하리.
② 이와 같은 인연으로
　　내가 정녕 그대에게

말하노니 지혜 없는 사람에겐
이 경전을 연설하지 말지어다.

頌 29

뉘 있어서 모든 근(根)이
예리하고 지혜 또한 명료하고
많이 듣고 확실하게 알고서는
불도만을 구하는 자
이와 같은 사람에겐
이 경 설해 줄지어다.
뉘 있어서 일찍부터
억백천의 부처님들 친견하고
모든 착한 씨앗 심고
마음 깊고 견고하면
이와 같은 사람에겐
이 경 설해 줄지어다.
뉘 있어서 정진하고

자비심을 항상 닦되
목숨마저 안 아끼면
이 경 설해 줄지어다.
뉘 있어서 공경하되
다른 마음 전혀 없이
어리석은 범부들을 멀리하고
홀로 산속 지내거든
이와 같은 사람에겐
이 경 설해 줄지어다.
또한 다시 사리불아!
뉘 있어서
나쁜 벗을 멀리하고
좋은 벗만 사귀거든
이와 같은 사람에겐
이 경 설해 줄지어다.
만약 어떤 불자 있어

맑고 밝은 구슬같이
청결하게 계율 지녀
대승 경전 구하거든
이와 같은 사람에겐
이 경 설해 줄지어다.
뉘 있어서 성 안내고
숨김없이 정직하며 부드럽고
항상 모두 가련하게 여기면서
부처님들 공경하면
이와 같은 사람에겐
이 경 설해 줄지어다.

다시 어떤 불자 있어
모든 대중 가운데서
맑고 깨끗한 마음으로
가지가지 인연들과

② 비유들과 언사로써
　　걸림 없이 설법하면
　　이와 같은 사람에겐
　　이 경 설해 줄지어다.

　　　제31

① 만약 어떤 비구 있어
　　일체종지 위하여서
　　사방으로 법 구하여
　　합장하고 정수리에 받들면서
② 오직 대승 경전만을
　　즐겨 받아 지니면서
　　다른 경은 한 게송도
　　수용하지 아니하면
　　이와 같은 사람에겐
　　이 경 설해 줄지어다.

　　　제32

①어떤 사람 지극정성
　불사리를 구하듯이
　이와 같은 경전 구해
　얻고 나선 정수리에 받자옵고
　그 사람이 이제 다시 다른 경전
　구할 뜻이 전혀 없고
　일찍이도 외도 서적
　생각하지 아니하면
　이와 같은 사람에겐
　이 경 설해 줄지어다.

　　그음

　고하노니 사리불(舍利弗)아!
　불도만을 추구하는 이런 모습
　내가 겁이 다하도록
　칭찬하여 끝이 하리.
　이와 같은 사람들은

바로 믿고 이해할 수
있으리니 그대 응당 위하여서
묘법연화 이 경 설해 줄지어다."

묘법연화경 비유품 제3 나침

한글 묘법연화경 사경 ❶

불기 2567(癸卯)년 7월 15일 1쇄인쇄
불기 2567(癸卯)년 7월 25일 1쇄발행

편역인 | 각운 석봉곡(覺雲 釋峰谷)
발행처 | 불갑사 전일암
전남 영광군 불갑면 불갑사로 452-77
☎ 010-5558-4312
Email. mahaya14@hanmail.net

제작처 | 불교서원
광주광역시 동구 동계천로95번길 34
☎ (062)226-3056 · 5056(팩스)
출판등록번호 : 제 105-01-0160호

ISBN 978-89-88442-36-4(94220)
ISBN 978-89-88442-35-7(5권세트)

정가 6,000원

본 책의 글 내용과 그림의 전재 및 복제를 금합니다.
책에 실린 변상도 저작권은 편역인에게 있으며 허가 없이 사용할 수 없습니다.